Heinz von Wilk

CHIEMGAU ERLEBEN

Der Autor

Der Rosenheimer Heinz von Wilk war schon vieles in seinem Leben: Weltreisender, Musiker, Eventmanager, und Immobilienhändler.

Nach langen Jahren in Amerika, Asien und Spanien lebt er nun seit einiger Zeit im Chiemgau und schreibt hier seine Geschichten und Krimis aus der Region für den kleinen Urlaub zwischendurch.

Mehr Infos unter: www.heinz-von-wilk.de

Fotos: »Die in Rosenheim geborene, in Prien lebende Elisabeth Gröger hatte schon als Kind den Impuls, besonders ausdrucksvolle Motive und Stimmungen mit der Kamera festzuhalten. Die Begeisterung dafür ist ihr geblieben, die Zeit dafür ist leider weniger geworden, da sie sich hauptberuflich mit Büchern beschäftigt und in der Stadtbibliothek Rosenheim arbeitet.
Alle Bilder sind unbearbeitete Originalaufnahmen. Statt lange am Computer zu sitzen, ist Elisabeth Gröger lieber zu Fuß oder mit dem Fahrrad unterwegs - natürlich immer in Begleitung des Photoapparates!«
Mehr Infos unter:
https://lyrischemomentaufnahmen.wordpress.com/

Zugangscode: CE!221

1. Auflage
© 2016 Chiemgauer Verlagshaus, Breitbrunn
www.chiemgauerverlagshaus.de
Fotos Titelcomposing: shutterstock, Elisabeth Gröger, Heinz von Wilk
Satz: Grafikdesign Storch, Ulrike Vohla, Rosenheim
ISBN 978-3-94529221-1

Heinz von Wilk

Fotos: Elisabeth Gröger

CHIEMGAU ERLEBEN

… mit Geheimtipps für tolle Urlaubstage

ChiemgauerVerlagshaus

Inhalt

Herrenchiemsee, Frauenchiemsee,
Königsschloss, Benediktinerinnenkloster ...

Wo sind hier die Flamingos?

Kurz nach Mittag fuhr das Ehepaar Grammel in einem silbernen Passat-Kombi auf der A8 über die Hügelkuppe vor der Bernauer Ausfahrt. Die Grammels, sie Lehrerin, eigentlich Rektorin, aber das wäre Stoff für eine andere Geschichte, und er Landschaftsgärtner und Hobbyornithologe, beide aus NRW und um die Fünfzig, waren zwar etwas schlapp von der langen Fahrt, aber voller Vorfreude auf die zwei Wochen Urlaub im Chiemgau.

Die Sonne stand hoch am Himmel, und der Chiemsee lag da wie gemalt.

Man sah über Herrenchiemsee zur Fraueninsel rüber, und auf dem blauglitzernden See tummelten sich viele Boote, mit und ohne Segel.

Robert setzte den Blinker und schaute in den Rückspiegel, Emma sagte: »Wo sind hier die Flamingos?«

»Was?«

»Ich hab gehört, dass man jedes Jahr in der *Hirschauer Bucht* Flamingos sehen kann.«

»Was, bitte, ist die Hirschauer Bucht?« Robert verdrehte die Augen und schaute nach hinten, wo auf dem Rücksitz der saufarbene Rauhaardackel Rambo auf seiner Decke schlief.

»Die Hirschauer Bucht, mein Lieber, bildet an der Mündung der *Tiroler Achen*, das *größte Binnendelta Europas*. Ein traumhaft schönes Fleckchen Erde, und da kann man auf einen *Naturbeobachtungsturm* steigen oder einfach nur auf den vorgegebenen Pfaden rumwandern und seltene Vögel sehen, unter anderem ab und zu auch Flamingos. Das ist ein Naturschutzgebiet und eigentlich mehr deine Abteilung, nicht wahr? Aber ich freue mich ja immer, wenn ich dir mit ein bisschen Wissen aushelfen kann.«

»Wunderbar, vielen Dank auch«, sagte Robert und fuhr in die Ausfahrt: »Jetzt suchen wir erst mal unser Ferienhaus, und dann sehen wir weiter. Die zwei E-Bikes hinten auf dem Ständer nehmen mir ganz schön was an Sicht weg. Aber gut, dass wir die mitgenommen haben.«

Emma drehte sich auf dem Beifahrersitz um, streichelte Rambo, der sich gähnend streckte und meinte: »Wir hätten die Kommode im Flur auch noch mitnehmen sollen.«

Robert starrte seine Frau an: »Was? Wie? Welche Kommode?«

»Pass auf die Straße auf! Ja, ich war ein bisschen abgelenkt, wegen dem Schreiben von deiner Rentenversicherung. Du weißt schon, die Info über deine Altersrente. Der Brief lag auf der Kommode im Flur. Heute früh, hast du ihn nicht gesehen?«

»Nein, super. Und was stand da drin?«

Emma schaute wieder nach vorne: »Da im Kreisel die zweite Ausfahrt, Richtung Bernau. In deiner Rentenhochrechnung? Hab ich nicht so genau gelesen, weil ich in Eile war. Irgendwas mit Gitarre und Fußgängerzone. Aber keine Sorge, ich bin ja Beamtin. Und jetzt hab dich nicht so. Was ich eigentlich sagen wollte: In der Kommode, in der ersten Schublade von oben, da sind die Schlüssel dieser neuen Diebstahlsdinger für die Fahrräder. Du musstest die ja unbedingt haben, ich nicht. Ein normales Fahrradschloss hätte es auch getan, oder?«

Robert schlug sich mit der flachen Hand auf die Stirn: »Das darf ja wohl nicht wahr sein! Echt jetzt? Das heißt, wir müssen morgen hier einen Laden suchen, der unsere Fahrradmarke verkauft. Na Klasse! Egal. Heute schauen wir uns die **Herreninsel** und **Schloss Herrenchiemsee** an, und wenn wir dann noch Zeit haben, fahren wir noch auf die *Fraueninsel* rüber und essen in der Wirtschaft, in der diese Promis, wie heißen sie doch gleich, ihr Hochzeitsessen hatten. Du weißt schon, der Bundesligaspieler und der blonde Schminktopf mit den falschen Augenwimpern.«

»Auf was du alles schaust, also nein. Warte mal, *Klosterwirt*, so heißt das Gasthaus. Jetzt fahr zu. Da vorne geradeaus, durch Bernau durch, dann nach ca. einem Kilometer rechts den Berg hoch.«

Kurze Zeit später saßen die Grammels in einem gemütlichen 3-Zimmer-Blockhaus auf einem Hügel kurz hinter Bernau mit Panoramablick auf den Chiemsee. Die Vermieterin hatte ihnen einen Stapel Reiseführer auf den Tisch gelegt, die Robert gleich zur Seite packte: »Die brauchen wir nicht. Ich verlasse mich auf meine Spürnase für Geheimtipps. Wir werden Dinge und Orte sehen, die in keinem dieser Bücher stehen. Vertrau mir, Frau.«

Emma schnappte sich den Reiseführer für Herrenchiemsee und die Fraueninsel und sagte: »Vertrauen ist gut, Organisation ist besser. Heute Nachmittag fahren wir auf die Inseln rüber, und dann sehen wir weiter, ok?«

Und so gingen die Grammels um 14.30 Uhr in Bernau/Felden an Bord der *MS EDELTRAUD*. Dackel Rambo, den Robert auf dem Arm trug, schaute sich neugierig um. Vom Oberdeck knipsten einige Japaner und winkten zu ihnen herunter. Der See lag ruhig da, am Himmel tummelten sich ein paar Wolken, die aussahen wie mit einem großen Radiergummi hingerubbelt, und die Sonne strahlte.

Das Schiff legte ab, glitt leise über das Wasser und nahm Kurs auf die größere der beiden Inseln. Auf dem Oberdeck fanden sie Plätze direkt an der Reling, und Rambo beobachtete interessiert die Möven. Robert stupste Emma an, und deutete auf den See hinaus: »Schau mal, ein Raddampfer. Wie auf dem Mississippi.«

Emma verdrehte die Augen: »Das ist der **Schaufelraddampfer Ludwig Fessler**, das Flaggschiff der **Chiemseeschifffahrt**. Wurde 1926 gebaut und 1995 renoviert und auf dieselelektrischen Antrieb umgestellt. Auf dem Schiff ist Platz für 685 Personen.«

Robert starrte sie an: »Ach was. Und wie heißt der Schwippschwager vom Kapitän? Und was ist mit dem alten Dampfmotor passiert?«

»Der Motor wurde in die Schweiz verkauft, 2004 war das, glaube ich, und ist jetzt in einem Schiff, das auf dem Neuenburger See fährt. Noch Fragen?«

Robert schüttelte den Kopf und sagte zu Rambo: »Wenn man eine Lehrerin in der Familie hat, braucht man kein Lexikon.«

Der Dackel leckte ihm die Hand ab und gähnte.

Etwas später kam der Dampfersteg der Herreninsel in Sicht, und oben auf dem Hügel sah man das imposante Gebäude der **Schlosshotelgaststätte**. Robert reichte Emma den Hund und sagte: »Gleich nach dem Aussteigen überhole ich die anderen und organisiere Karten für die **Schlossbesichtigung**, ok?«

Er nickte den Japanern, Chinesen, Osteuropäern und anderen Touristen freundlich zu und schob sich durch die Menge zum Schiffsausgang. Robert überholte die Asiaten, die Russen, die anderen Besucher und war als einer der Ersten am Kassenschalter: »Zweimal Erwachsen, einmal Hund, bitte.«

Die Frau hinter der dicken Glasscheibe sagte: »Karten gibt es nur in Verbindung mit einer Schloßführung. Das

... sehr imposant

Duschen verboten!

Eine Bootsfahrt, die ist lustig ...

Hier sind auch wir flaniert, nicht nur der Kini

Büßen und beten, das wär doch mal was für Emma

Emma hätte sie am liebsten alle mitgenommen

Der Rundweg auf der Fraueninsel lohnt sich

Augustiner-Chorherrenstift ist im Eintrittspreis enthalten. Hunde dürfen dort und in das Schloss nicht rein.«

»Äh, der Hund sieht sich selber nicht so direkt als Hund. Er ist mehr, wie soll ich sagen? Na ja ...«

Die Frau beugte sich nahe an die Glasscheibe: »Zwei Karten kosten 18 Euro, gehen Sie doch nacheinander rein. Der Hund erfreut sich bestimmt mehr an den Gärten und Grünflächen, meinen Sie nicht auch?«

Robert seufzte und holte seine Geldbörse raus.

Die knapp zwanzig Minuten, die man von der Anlegestelle zum Schloss geht, sprach nur Emma, denn Robert wollte lieber eine **Kutschfahrt** machen: »Schau mal, das da oben, das ist das **Augustiner-Chorherrenstift**. Als König Ludwig damals, 1873, die Insel kaufte, weil sie sonst von raffgierigen Holzspekulanten abgeholzt worden wäre, hat er auch die mehrfach zweckentfremdete mittelalterliche Abtei übernommen. Im 8. Jahrhundert war das **Alte Schloss** ein Benediktinerkloster. Um 1130 wurde es das Augustiner-Chorherrenstift, dann zur Brauerei umgebaut. Später ließ sich Ludwig die **Stiftsgebäude** provisorisch zur **königlichen Privatwohnung** umwandeln. Das kann man alles besichtigen. Hast du das gewusst?«

»Klugschwätzerin«, knurrte Robert. »Sagt dir die ›kleine Hufeisennase‹, die ›Wimpernfledermaus‹ oder das ›große Mausohr‹ was? Nein, wie? Hab ich mir doch gedacht, Frau Lehrerin. Das sind dämmerungsaktive Tiere, die man hier beobachten kann.«

»Na, dann haben die ja einiges mit dir gemeinsam, das mit dem dämmerungsaktiv meine ich.«, sagte Emma schnippisch, »Nimm lieber mal den Hund hoch, dass der hier nichts vom Boden frisst. Hast du noch was Erhellendes beizutragen?«

»Ja. Zwei Drittel der in Bayern lebenden Fledermausarten gibt es hier auf der Herreninsel. Zwölf Arten siedeln in Baumhöhlen, nur das ›große Mausohr‹ mag es gerne kuschelig und überwintert im Schloss. Es gibt eine *nächtliche Fledermaustour*, ab 19.45 Uhr, hat mir einer aus dem Gartenbauverein erzählt, der vor ein paar Jahren mal hier war. Ein echter Geheimtipp. Aber das ist ja wohl eher nichts für dich, oder?«

Unser Geheimtipp!
19.45 nächtliche
Fledermaustour
auf der Herreninsel
Tel.: +49 (0)8051 96555-0

Emma nahm ihm den Dackel ab und sagte: »Weißt du, was? Rambo und ich fahren später auf die Fraueninsel rüber und essen was Leckeres beim Klosterwirt, und du verbringst ein paar unterhaltsame Stunden bei deinen Fledermäusen. Fliegt hier sonst noch was rum, von dem ich wissen sollte?«

»Aber ja, meine Liebe. Hier am See gibt es über 300 Vogelarten. Da sind welche dabei, die nicht mal ich persönlich kenne. Nimm nur den Gänsesäger oder die Mantelmöwe. Da gibt es Führungen, die man beim *Priener Tourismusbüro* buchen kann. Vielleicht mach ich mal sowas.«

Emma nickte und schwieg. Frauen darf man beim Schweigen nicht stören, dachte sich Robert und schaute sich die Blumenbeete und Brunnen, Bassins und den gepflegten Park vor dem Schloss an.

Emma drückte ihm den Hund an die Brust: »Ich geh jetzt zur *Schloßführung*. Pass auf, dass Rambo hier draußen nichts historisch Wertvolles anpinkelt. In einer knappen Stunde oder so bin ich wieder hier.«

Sie eilte über die Treppen in den Vorraum, wo – von einer bunten Menschengruppe umringt – eine Frau einen gelben Schirm hochhielt und rief: »Guten Tag, Grüezi,

Welcome und Bonjour, meine Damen und Herren. Wenn Sie ab jetzt bitte diesem gelben Schirm folgen, unter dem bin nämlich ich, dann werde ich Ihnen viel erzählen. Mein Name ist Anna, ich bin ihr Tourguide, und jetzt gehen wir los. Unser Rundgang beginnt im Vestibül und führt dann über das Prunktreppenhaus ins Obergeschoß, und von dort über das Nördliche Treppenhaus wieder hinunter ins Erdgeschoß, wo er mit der Besichtigung des Bades und des Ankleidezimmers endet.«

Anna schwang ihren Schirm wie ein Tambourmajor und marschierte in Richtung Treppenhaus los. Die Touristengruppe formierte sich murmelnd und lachend und folgte ihr. Im Treppenhaus hallte ihre Stimme von den Wänden wider: »Der heute noch verehrte *König Ludwig der Zweite* war ein Bourbonen-Verehrer. Wobei ich jetzt nicht den Whiskey, sondern das französische Adelsgeschlecht der Bourbonen meinte. Kleiner Scherz am Rande. Ludwig war ein *Märchenkönig*, ein Träumer. Aber er war auch ein sendungsbewusster Herrscher, der das Erbe von Versailles und die Botschaft des französischen Sonnenkönigs in sich gespürt hat. Am 21. Mai 1878 wurde der Grundstein für sein *Märchenschloss* gelegt, durch das Sie jetzt gehen werden. Gleich betreten wir den Hartschiersaal. Hartschiere nannte man die Leibwache des Königs.«

Es ging weiter durch die zwei Vorzimmer. Dort erklärte Anna: »Dieses zweite Vorzimmer wird auch der *Ochsenaugensaal* genannt, er ist doppelt so groß wie der in Versailles. Hier wollte Ludwig seine familiäre Beziehung zu den Bourbonen dargestellt wissen. Schauen Sie sich das Deckenbild an, darin sehen sie Aurora, die Göttin der Morgenröte und Asträos, den Vater der Winde und der Sterne. Folgen Sie mir nun in das *Paradeschlafzimmer.* Das war natürlich nicht zum Schlafen gedacht, sondern zum Repräsentieren.

Es bildet, genau wie in Versailles, den architektonischen Mittelpunkt des Schlosses. Beachten sie in all dem Prunk bitte den Brokatvorhang auf der linken und rechten Seite des Bettes. An ihm haben zwanzig Frauen sieben Jahre lang gestickt. Das Bett wirkt durch die goldene Balustrade mehr wie ein Altar denn wie ein Bett. Fällt Ihnen auf, dass der Raum insgesamt in rötlichen Tönen gehalten ist? Das wollte Ludwig der Zweite in Anlehnung an den Sonnenkönig und die Morgensonne so haben. Allein die Ausstattung dieses einen Raumes hat mehr gekostet als die gesamte Insel Herrenchiemsee. König Ludwig hat diesen Raum nie genutzt, hat nie in diesem Bett geschlafen, dabei wurde dieses Prunkzimmer am 18. September 1881 als erster vollendeter Raum des Schlosses an den König übergeben.«

Emma war beeindruckt von all dem Gold, den Bildern und den kunstvollen Kerzenleuchtern. Die Gruppe ging durch den Beratungssaal: »Sehen Sie hier die **Felsenuhr**. Sie zeigt die Zeit, den Stand der Planeten und des Mondes. Die andere Uhr da drüben hat die Besonderheit, dass der Sonnenkönig zu jeder vollen Stunde heraustritt und von einer Siegesgöttin gekrönt wird. König Ludwig hatte einen Uhrentick. Er hat mehrere hundert Taschenuhren besessen und viele davon an treue Untertanen verschenkt. Gehen wir nun in die Spiegelgalerie, den **Spiegelsaal**. 23 Spiegel stehen hier 23 Rundbogenfenstern gegenüber. So wird das Tageslicht im gesamten Saal reflektiert. In den Lüstern sehen Sie 1848 Kerzen. 14 Diener brauchten exakt eine Viertelstunde, um die alle anzuzünden. Heute sind sie elektrifiziert. Mit einer Gesamtlänge von 98 Metern ist der Saal länger als sein Versailler Vorbild.«

Es folgten der **Friedenssaal**, der **Kriegssaal**, die man allerdings nicht betreten durfte, das Schlafzimmer, das Arbeitszimmer und der **Blaue Salon**.

»Bitte schauen Sie in die Spiegel in der Divan-Nische. Die sind so angeordnet, dass eine unendliche Folge von Räumen vorgetäuscht wird.«

Die Worte drangen nicht mehr in Emmas Kopf, sie war wie erschlagen von der Prachtfülle und hörte erst im *Speisezimmer* wieder zu: »Der Raum ist eine Nachbildung eines Saales im Hotel de Soubise in Paris. Das kostbarste Stück hier drinnen ist der Leuchter, ein achtzehnarmiger Porzellanlüster aus Meißen, mit 108 Kerzen. Der Tisch, den Sie dort sehen, ist eine Besonderheit, wie auch sein Pendant in Schloss Linderhof. Er konnte versenkt werden, wurde im Raum darunter gedeckt und dann wieder hochgekurbelt. Das dauerte etwa 15 Minuten. Dann konnte der König seine Mahlzeiten ohne Bedienung und Personal einnehmen. Man weiß heute, dass er wegen seiner schlechten Zähne nicht besonders gut kauen konnte. Außerdem soll er etwas eigenartige Tischmanieren gehabt haben. Aber, wer hat die nicht? Eines seiner Lieblingsgerichte war das *Hechtenkraut*, bestehend aus kleinen Hechtstücken, Krebsen und Sauerkraut.«

Weiter ging es durch das *Porzellankabinett* und durch die kleine Galerie zum Nördlichen Treppenhaus: »Sie stehen hier in einem Rohbau, liebe Damen und Herren. In diesem eindrucksvollen Treppenhaus wurde nach dem Tod des Königs die vorgesehene Ausstattung nicht mehr ausgeführt. Heute finden hier Konzerte und Lesungen statt. Nun sehen wir uns noch das *Bad* und das *Ankleidezimmer* an, und dann sind wir am Ende unseres Rundganges. Wenn wir gleich über die Brücke gehen, die über das runde Bad führt, dann schauen Sie sich das Deckengemälde genau an. Sie werden feststellen, dass man von der einen Seite der Malerei eine andere Perspektive sieht als von der anderen. Ein geniales Kunstwerk.«

Emma fand ihren Robert auf dem Rasen beim **Latona-Brunnen**. Er stand neben einem Mann, der einen grünen Overall trug und sich auf einen Rechen stützte. Rambo, an seiner langen Flexileine, kaute genüsslich an irgendwas herum, das er auf dem Rasen gefunden hatte.

Im Näherkommen hörte sie die Stimme des etwa fünfzigjährigen, fast glatzköpfigen Gartenarbeiters: »Hier findest du alles, von Obstwiesen, Äckern, Viehkoppeln bis zu dichten Waldbeständen. Viele Menschen wissen ja nicht, dass Ludwig der Zweite allen Ernstes überlegt hat, auf einer fernen und sonnigen Insel ein neues Königreich zu errichten. Sein Hofsektretär, Lorenz Düfflipp, kam aber 1873 hierher, weil angeblich der gesamte Waldbestand der Insel abgeholzt werden sollte. Ludwig kaufte die Insel, die damals noch wegen des früheren Mönchskonvents Herrenwörth hieß, und beschloss, genau hier seinen Traum von Versailles und seinem kleinen Inselreich zu verwirklichen.«

Die beiden Männer und der Hund schauten auf Emma, die sich zu ihnen stellte. Robert stellte vor: »Fritz, das hier ist meine Frau Emma. Emma, das ist Fritz. Er arbeitet schon viele Jahre hier auf der Insel und weiß einfach alles.«

»Ach ja? Wer hat denn die ganzen Gärten und Anlagen damals ausgeführt? Ich weiß es, denn ich habe vor Jahren mal ein Referat darüber gehalten. Aber Sie wissen das sicher auch, guter Mann, oder? Und bestimmt haben Sie noch den einen oder anderen Geheimtipp für uns?«

Robert grinste, gab Emma die Hundeleine in die Hand und sagte: »Ich geh dann mal ins Schloss. Bestimmt beginnt gleich wieder eine Führung. Wir treffen uns dann hier am Brunnen, ja? Machs gut, Fritz. War nett, dich kennengelernt zu haben. Wenn du mal in unserer Gegend bist, melde dich. Meine Karte hast du ja.«

Robert ging und Fritz sagte: »Einen freundlichen Mann haben Sie. Ich habe ihm gleich angesehen, dass er was mit Landschaftsgärtnerei zu tun hat. Wir waren auch gleich per Du. Aber zu Ihren Fragen: Der Hofgartendirektor Carl von Effner war auf die Planung und Umsetzung der von König Ludwig gewünschten Außenanlagen spezialisiert. Damals waren ja regelmäßige Ziergartenbereiche in Mode wie sie die Franzosen hatten. Der Garten umfasst ja doch ein schönes Stück der Inselfläche.«

»Ah, ja. So ungefähr habe ich das auch noch in Erinnerung. Was für Tipps haben Sie denn meinem Mann gegeben?«

»Oh, ich habe ihm geraten, im Schloss auch einen Blick in das *Fledermaus-Museum* zu werfen. Oder, wenn sie noch Zeit haben, den *Rundweg* zu gehen. Der ganze Weg um die Insel erfordert allerdings so um die drei Stunden. Aber wenn Sie sich hier nach Westen wenden, schauen Sie sich doch mal den *Pavillion Ottosruhe* an, und dann schlendern Sie Richtung Osten zur *Paulsruh*, von dort hat man einen wunderbaren Blick auf die Chiemgauer Alpen. Hier auf der Insel werden auch einmal im Monat *Mondscheinwanderungen* angeboten. Und es gibt noch die *Herreninselpiratentour*, das ist natürlich eher was für Urlauber mit Kindern. Aber Sie wollen bestimmt noch auf die Fraueninsel rüber. Da müssen Sie unbedingt den *Klostergarten* anschauen, und den *Campanile*, den freistehenden Glockenturm. Der ist aus dem 12. Jahrhundert. Ihrem Mann wird die *Tassilolinde* gefallen und die *Marienlinde*. Die Bäume sind vermutlich mehr als 1000 Jahre alt.«

»Da haben die Bäume ja echt was mit meiner Schwiegermutter gemeinsam. Wenn Sie mich jetzt entschuldigen wollen, ich muss den Hund ein bisschen bewegen. Danke für die Tipps, vielleicht sehen wir uns ja mal wieder.«

Fritz deutete eine Verbeugung an und sagte im Weggehen: »Wenn Sie beide gerne Fisch essen, dann besuchen Sie das **Hotel zur Linde**, dort gibt es Schrazenfilets in Knoblauch gebraten, die schmecken unglaublich und sind gut gegen Vampire.«

»Es gibt hier keine Vampire, Fritz.«

»Jetzt nicht mehr, gnädige Frau. Dank der Schrazenfilets.« Fritz grinste, winkte ihr über die Schulter zu und weg war er.

Emma schaute den Dackel an: »Der findet sich wohl irre komisch, was? Komm, wir gehen eine kleine Runde, bis unser Robert wieder da ist.«

Beim **Fortuna-Brunnen** traf sie auf ein älteres Ehepaar mit einem Spitzmischling, den Rambo erst ausgiebig beschnüffelte und dann anknurrte.

Die Frau zog ihren Spitz zu sich und sagte: »Dass Dackel immer so aggressiv sein müssen! Bestimmt beißt der auch Ihren Briefträger, oder? Also mein Egon tut keiner Fliege was zuleide.«

»Fliegen sind ja auch schneller als Briefträger. Komm Rambo, lass uns zu den Bäumen rübergehen.«

Nach etwa einer Dreiviertelstunde, die ihr wie ein halber Tag vorkam, erschien Robert. Nachdem er erst in Richtung Brunnen gelaufen war, auf einem Cappuccino-to-go-Becher fast ausgerutscht wäre und sich gerade noch am Strickpulli einer älteren Dame festhalten konnte, was zu einer lautstarken Diskussion mit dem Begleiter der Pulli-Frau führte, wurde Emma auf ihn aufmerksam. Sie nahm Rambo auf den Arm und ging mit schnellen Schritten über den Kies. Robert redete auf den Mann ein, der ihn lautstark ankeifte, wobei sein Gebiss bedenklich in seinem Mund auf und ab hüpfte. Emma nahm ihren Robert wortlos an der Hand und zog ihn weg. Der Mann mit den Wackelzähnen schimpfte ihnen hinterher: »Bei uns funktioniert der Antanztrick nicht. Wir sind auf Zack. Und die Tarnung mit dem Hund durchschaue ich auch. Ich rufe die Polizei, sowas wie ihr Drei gehört hinter Gitter!«

Etwas später, auf dem Schiff, schaute Robert über die Reling: »Ich seh die Meckerer nicht. Mann, haben die mich erschreckt. Warum bist du so spät dazugekommen?«

»So schnell wie du ausrutschst und unter diesem Vorwand dann fremde Frauen begrabschst, kann ich mit dem Hund auf dem Arm echt nicht laufen.«

Robert starrte sie fassungslos an: »Was? Du glaubst doch nicht ...? Echt jetzt? Nee, oder?«

Emma lachte ihn an: »Und? War es nicht umwerfend im Schloss? Also, ich war geplättet von all der Pracht.«

Robert streichelte den Dackel: »Na ja, für mich war das irgendwie ›Schöner wohnen für Könige und solche, die es werden wollen‹. Aber, weißt du was? Ich hab mich da drin mit einem Mann unterhalten, der hatte echt heiße Tipps auf Lager. Die findest du in keinem Reiseführer. Pass auf: **Segeln unterm Sternenhimmel**. Mit Abendessen. Von **Gstadt** aus fahren die mit uns auf einer Segelyacht abends auf den See raus. Romantik pur, Segeln im Mondschein, mit lecker Drinks an Bord und

Unser Geheimtipp!
Segeln unterm Sternenhimmel.
www.chiemseeyacht.de
Tel.: +49 (0)8054 906690

einem Abendessen. Oder auch mal so, ohne Essen, einfach in den Sonnenuntergang segeln. Das dauert gute zwei Stunden, man kriegt Sekt und gute Laune. Kann man ruck-zuck buchen bei **chiemseeyacht.de**. Na, was meinst du, sollen wir das nicht mal machen?«

Emma nickte und schaute über die Schulter: »Jetzt guck dir bloß diese Insel an. Am südlichen Teil, da ist das Kloster **Frauenwörth**. Die **Benediktinerinnenabtei** wurde schon um 766 gegründet. Und wenn wir es schaffen, müssen wir unbedingt in das **Museum in der Torhalle**. Und natürlich zur **Irmengard-Kapelle**.«

»Super, wann spielt die denn, diese Kapelle? Wohin willst du heute noch überall auf dieser Insel? Weiß du was? Wir schauen uns deine paar Sachen an, vielleicht noch die **Inseltöpferei**, und dann will ich bitte die **1000-jährigen Linden** sehen, und wenns geht, auch noch den **Kräutergarten** am Kloster, denn der ist was Besonderes. Für mich jedenfalls.«

»Das war er für die Inselbewohner früher auch. Zu Zeiten von Bayerns König Maximilian dem Zweiten waren die Insulaner bitterarm. Heu und Proviant wurde in Holzkähnen vom Festland herübergerudert, für Nutzvieh war wenig Platz, und es gab außer im Kloster kaum Arbeit. Den Fisch, den die damals fingen, konnten sie so gut wie überhaupt nicht verkaufen. An wen denn, bitte? Maximilian schenkte den Insulanern Grundstücke am Festlandsufer, und Gemüse wurde auf der Krautinsel angebaut. Heute sieht das alles natürlich ganz anders aus. Nimm mal den Hund, wir legen gleich an.«

Rambo knurrte leise und Robert sagte: »Er hat es nicht so gerne, wenn man ihn einen Hund nennt. Das wissen wir doch mittlerweile.«

Am Hauptsteg war das übliche Gedränge, und Robert trug den Dackel bis zum Klostergarten. Emma nahm ein zusammengefaltetes Blatt Papier aus ihrer Handtasche: »Das hab ich mir aus ›Leonardos Abenteuer‹ rauskopiert. Die ganze Geschichte spielt hier. Schau mal, das ist eine Karte der Insel, und genau hier«, sie tippte mit dem

Zeigefinger auf den Plan, »stehen wir jetzt. Pass auf, ich nehme den Hund und gehe einmal am Uferweg um die Insel. Ich hab dir ja vorhin erzählt, was ich mir anschauen will. Du kannst inzwischen die Kräuter beschnuppern, zum Lindenplatz hochgehen oder was immer Dich interessiert. Und in einer Stunde treffen wir uns hier am Steg wieder. Was meinst Du?«

Robert schaute sich um: »Gut. Lass uns die Speisekarte vom **Klosterwirt** ansehen. Es wird ja langsam Zeit für ein nettes Essen. Wenn da was für uns dabei ist, können wir uns ja dort im Biergarten treffen.«

Auf der Karte, die in einem Glaskasten neben dem Eingang hing, standen Speisen wie Klosterwirts Fischsuppe, Chiemseerenken-Matjes, gebratene Seesaibling-Filets und vieles mehr.

»Super. Hier treffen wir uns. Bis später und viel Spaß.« Robert gab Rambo einen Klaps und Emma einen Kuss auf die Wange, dann marschierte er los in Richtung **Klosterladen**, wo er einen älteren Herren nach dem Weg zum **Lindenplatz** fragte. Der sagte ihm, dass man im **Inselladen** eine **Inselführung** buchen kann, aber Robert bedankte sich und ging zu den Linden.

Etwa eine Stunde später sah Emma ihren Gatten im Biergarten des Klosterwirts an einem Tisch in eifrigem Gespräch mit einem Mann, der wie ein Einheimischer gekleidet war. Beide tranken Bier, und Robert winkte, als er Emma und den Dackel bemerkte.

»Also, ich muss dann mal weiter«, sagte der Mann im Aufstehen, »ich wünsche Ihnen einen schönen Urlaub.«

Emma schaute ihm nach, setzte sich und nahm die Speisekarte, die Robert ihr hinhielt: »Such Du was aus.

Gebratener Fisch wäre gut, und vielleicht vorher die Fischsuppe. Was hat Dir der Herr erzählt?«

»Der ist mit seinem eigenen Boot hier und wohnt in
Gstadt. Den Ort kann man von der anderen Seite der
Insel sehen. Da gibt es die **St. Peter und Paul Kirche** aus
dem 12. Jahrhundert, die ist ein sakrales Kleinod, meinte
er. Und das **Café Inselblick** direkt am Seeufer hat er mir
empfohlen. Da sitzt man am See, hat einen fantastischen
Blick auf die Inseln und die Berge, sagte er, und ist kulina-
risch in Gstadt bestens aufgehoben. Die Spezialität des
Hauses sind Chiemseerenken, im Ganzen gebraten. Ich
hab ihm von unserem Ausflug auf die Herreninsel erzählt.
Er sagte, dass die wenigsten Leute wissen, dass es da drüben an der Nordspitze, bei der kleinen **Seekapelle zum
heiligen Kreuz,** einen gemütlichen Biergarten gibt. Nur
ein paar Tische, aber auch direkt am See. Und von dort aus
sieht man die schönsten Sonnenuntergänge. Allerdings
sollte man jemanden kennen, der ein Boot hat und dich
wieder zurück auf das Festland bringt.«

»Wunderbar«, sagte Emma, »das schauen wir uns im
Lauf der nächsten Tage mal an. Und vielleicht lernen wir ja
jemanden mit Boot kennen. Aber jetzt lass uns was bestellen, ich habe einen Mordshunger.«

Das Essen war sehr gut, Rambo bekam einen Napf mit
Wasser, und wenig später schipperten sie gesättigt und
bester Laune zurück nach Bernau/Felden. Die Sonne stand
schon tief am Himmel, und die Felsgipfel der Alpenkette
glänzten matt, als das Schiff die Herreninsel passierte und
Kurs auf Felden nahm.

»Was war das für ein traumhafter Tag«, meinte Emma,
»mal schauen, was uns morgen erwartet.«

Was denn, wo denn, wie noch mal?

Seite 6 Hirschauer Bucht
www.natur-chiemsee.de/pdf/Karte_1.lpdf

Seite 7 Chiemseeinseln
www.natur-chiemsee.de/html/chiemseeinseln.html

Seite 8 Klosterwirt klosterwirt-chiemsee.de

Seite 9 Schlosshotel Tel.: +49 (0)8051 9627670
www.herrenchiemsee-schlosshotel.de

Seite 9 Chiemseeschifffahrt
www.chiemsee-schifffahrt.de

Seite 11 Augustiner-Chorherrenstift
www.herrenchiemsee.de

Seite 12 Fledermaustour Herrenchiemsee
Tel.: +49 (0)8051 96555-0

Seite 12 Schloss Herrenchiemsee
www.natur-chiemsee.de/html/herrenchiemsee.html

Seite 17 Herreninselpiratentour
Tel.: +49 (0)8642 598211 · www.chiemseepiraten.de

Seite 17 Großer Rundgang Herreninsel
www.natur-chiemsee.de/pdf/Karte_3.3.pdf

Seite 18 Inselhotel zur Linde
Tel.: +49 (0)8054 90366 · www.linde-frauenchiemsee.de

Seite 19 Segeln unterm Sternenhimmel
Tel.: +49 (0)8054 906690 · www.chiemseeyacht.de

Seite 20 Benediktinerinnenabtei Frauenwörth
www.frauenwoerth.de

Seite 20 Inseltöpferei Frauchenchiemsee
Tel.: +49 (0)8054 1233 · www.inseltoepferei.de

Seite 21 Klosterladen Frauenchiemsee
Tel.: +49 (0)8054 907159

Seite 21 Inselführungen Tel.: +49 (0)8054 322
www.fraueninsel-fuehrungen.de

Seite 22 Café Inselblick in Gstadt
Tel.: +49 (0)8054 7815 · www.cafe-inselblick.de

Der schnelle Weg zu allen Links:
www.chiemgauerverlagshaus.de

Ein Weiher voller Nackerter

»Und, wie hast du geschlafen?« Robert schmierte sich ein weiteres Brötchen mit dieser schmackhaften Leberwurst, und unter dem Tisch knurrte Chefdackel Rambo leise vor sich hin, weil er auch noch was von der Wurst wollte.

»Ich war kein einziges Mal wach. Das kommt bei mir selten vor, dass ich durchschlafe. Und du?«

Robert nickte mit vollem Mund: »Auch sehr gut. Hier ist ja nachts eine himmlische Ruhe. Also, diese Leberwurst ist ja unglaublich lecker. Was da wohl so alles drin ist?«

»Das Seelenleben einer Frau und die Zutaten für eine Leberwurst werden wohl für immer ein Geheimnis bleiben. Willst du noch Kaffee? Die Vermieterin hat mir einen Prospekt von einem **Erlebnisbauernhof** gegeben. Hier, schau mal.«

Robert las: »Seppn-Bauer Bernau, Hausmacherwürste, Geräuchertes, Schinken und Leberwurst. Die machen alles selber und verkaufen es im Hofladen. Der ist ja gleich unten an der Hauptstraße. Was steht hier? Kutschfahrten, Genießertour durchs Bauernland mit Seeblick inklusive Brotzeit, Bauernhofführung und noch so einiges. Ist ja toll. Das machen wir. Aber jetzt müssen wir ab nach Rosenheim.«

»Weißt du, wo der Fahrradladen ist?«

Robert grinste gönnerhaft: »Frau, für alles Technische sind wir Männer da. Das ist seit der Steinzeit so, und daran hat sich auch nichts geändert. Genieße du mal deinen Urlaub.«

Eine Stunde später fuhren die Grammels nach Bernau. Am Ortseingang sagte Emma: »Die Wirtin hat gesagt, genau hier, nach dem Ortsschild, wird oft geblitzt. Du fährst zu schnell.«

»Willst du lieber fahren? Oder vielleicht der Hund?«

»Werd jetzt nicht zickig, Mann. Mit der Verkehrspolizei hast du ja erst neulich ein Problem gehabt.«

Robert schaute sie an: »Ach was. Wo denn?«

»Letzte Woche auf der Schnellstraße. War es nicht so, dass wir angehalten wurden, und der Polizist hat gemeint, das hintere Nummernschild wäre so verdreckt, dass es unleserlich ist?«

»Ah, ich ...«

»Genau. Du. Du hast zu ihm gesagt, das macht nichts, Herr Wachtmeister, ich kenne die Nummer eh auswendig. Und wie viel haben wir dann als Strafe bezahlt? Mhm?«

Die Ampellichter an der Kreuzung in der Ortsmitte sprangen auf Grün, Robert fuhr an und deutete nach links: »Kalter Kaffee. Schau mal, das links ist die Aschauer Straße, da gehts zur *Seiseralm*. Die ist nur ein paar Minuten von hier. Man kann mit dem Auto bequem hochfahren, und oben auf dem Berg ist der Seiserhof. Man hat einen fantastischen Blick auf den Chiemsee, kann gut wandern und toll essen. Hab ich mir gestern noch auf dem Handy angesehen.«

Auf der Autobahn, kurz vor Rosenheim, schob Robert sein Smartphone in eine Halterung am Armaturenbrett, tippte auf »Navi« und sagte mit lauter Stimme: »Rosenheim, Kaiserstraße«.

Das Gerät antwortete mit sanfter Frauenstimme: »Bitte, sprechen Sie in einer im Gerät programmierten Sprache.«

Robert beugte sich über das Lenkrad und fauchte das Handy an: »Was? Ich hau dir gleich eins auf die Festplatte, ja? Ich sagte ROSENHEIM, KAISERSTRAßE. Und jetzt mach endlich.«

Emma wartete die Antwort des Geräts ab und wiederholte ruhig und langsam das Fahrtziel. Das Navi bestätigte, und Robert schaute zornig nach links: »Ist ja gut. Ich streite mich doch nicht mit ein paar Platinen. Die Straße hätte ich auch so gefunden.«

Im Fahrradladen empfing sie ein freundlicher junger Mann. Robert erklärte das Problem, und der Verkäufer sagte: »Alles klar. Mein Kollege trägt die beiden E-Bikes in die Werkstatt runter. Der Mechaniker kommt erst etwas später. Vielleicht haben Sie in der Zwischenzeit in Rosenheim was zu erledigen?«

»Guter Mann, wir waren noch nie hier.« Robert schaute sich in dem Laden um: »Was ist denn das da hinten? Ein Segway?«

»Genau. Das Ding gehört meinem Kollegen. Sind Sie schon mal mit sowas gefahren?«

Robert schüttelte den Kopf: »Nein, aber vielleicht probier ich das irgendwann.«

»Das sollten Sie machen. Tower Tours bietet die Würschtl-Tour, die Rosenheim- oder Landesgartenschau-Tour, eine Simssee-Tour und weitere **Segway-Touren** an.«

Unser Geheimtipp!
Segway: Rollerfahrn für Große!
Tel.: +49 (0)8031 43031

»Danke, sehr nett«, sagte Emma, »aber wir schauen uns in der Stadt ein bisschen um. Das Auto lassen wir hier stehen. Gibts hier eine Apotheke, die auf **Naturheilmittel** spezialisiert ist?«

»Klar, ungefähr 5 Minuten von hier, Richtung Stadtmitte, am Anfang der Kaiserstraße. Die alte Apotheke gibt es seit 1742, so sieht die auch jetzt noch aus. Das müssen

Sie sich unbedingt anschauen. Da finden sie so ziemlich alle Heilkräuter, die es gibt. Die Rieders hatten sogar einen eigenen Apothekergarten, der heißt **Riedergarten**. Dort finden Sie viele Heilkräuter in Beeten, alles ist in Gruppen eingeteilt: Herz, Kreislauf, Galle, Leber, Immunsystem und so weiter. Man darf anfassen und probieren.«

»Wo ist denn dieser Kräutergarten?« Robert war auf einmal sehr interessiert.

»Hinter der **St.Nikolaus-Kirche**, die entdecken Sie, wenn sie vor der Apotheke stehen, und die sollten Sie sich auch ansehen. Beachten Sie die Fenster-und Glasflächen, alles wurde mit Spendengeldern restauriert, sogar Siegfried und Roy haben Geld geschickt. Und den Kirchturm kann man besteigen. Oben, unter dem Zwiebeldach, ist man dann 53 Meter über dem Boden und hat an klaren Tagen wie heute einen großartigen Ausblick bis zum Großvenediger.«

»Klingt gut. Und davon kriegt man Hunger. Wo sollen wir was essen?«

»Neben der Kirche ist das **Café Weth**. Eines der ältesten Cafés Rosenheims. Man sitzt im Original-50er-Jahre-Ambiente im ersten Stock, es gibt traumhafte Torten und gutes Essen und man hat einen einzigartigen Blick auf den Ludwigsplatz mit dem Fischerbrunnen. Aus ihm haben die Fischer früher ihre lebenden Fische verkauft. Jetzt ist der grüne Markt auf der anderen Seite des Mittertores. Das ist auch sehenswert.«

»Ich glaube, das reicht für die kurze Zeit. Oder haben Sie noch was?«

»Ja klar. Gehen sie in den **Salingarten** und schauen sie sich die Skulpturen an.«

»Also, ich bin ja ein Fan der **Rosenheim-Cops**«, sagte Emma, »kann man da was besichtigen?«

»Natürlich. Es gibt Führungen, Sie kommen an viele Drehorte und erfahren interessante Geschichten, die sich hinter den Kulissen abgespielt haben. Ich gebe ihnen jetzt einen Stadtplan und zeichne Ihnen ein, wo das Tourist-info ist. So, und wenn sie in etwa zwei Stunden wieder hier sind, dann haben wir Ihre Schlösser entsperrt, und sie können losradeln.«

Ein Kunde, der am Regal für Fahrradzubehör und Helme stand, kam näher: »Entschuldigen Sie, ich habe das Gespräch mitgehört. Ich hätte da auch noch ein paar Anregungen.« Emma lächelte ihn an: »Gerne, was denn?«

»Tja, es gibt noch die abendliche **Nachtwächterführung**, die ist besonders interessant. Eine Nachtwächterin führt durch die Altstadt, erzählt spannende Geschichten, und zum Abschluss gibt es noch ein Bier im Duschlbräu und einen Imbiss. Oder die **Altstadtführung**, da schauen Sie verborgene Hinterhöfe an und vieles mehr. Gehen Sie mal zum **Touristinfo Rosenheim**, das ist im Parkhaus P1 am Hammerweg. Da bekommen Sie auch Unterlagen für einen Spaziergang durch Rosenheim mit Hinweisen auf Tafeln mit Infos über Häuser, Künstler und besondere Sehenswürdigkeiten. Da fällt mir noch was ein: das **Inn-Museum**, das müssen sie unbedingt besuchen. Und wenn Sie abends mal in der Stadt sind, schauen Sie auf einen Schluck in das **Jägerstüberl in der Nikolaistraße**, da bin ich oft. So, jetzt muss ich aber gehen. Auf Wiedersehen.«

Der Mann verließ den Laden, und der Verkäufer grinste: »Die Tipps vom Jochen sind schon gut, aber das mit dem Jägerstüberl sollten Sie sich überlegen.«

Robert zog die Brauen hoch: »Warum denn?«

»Na ja, das ist ein bayernweit bekannter Szenetreff für Paradiesvögel, die es mit der geschlechtlichen Ausrichtung nicht so genau nehmen.«

»Ich glaube, unserem Rosenheimbummel müssen wir eh einen ganzen Tag widmen«, sagte Emma. »Eigentlich würden wir bei dem schönen Wetter mit dem Hund lieber ins Grüne gehen, aber das dauert ja doch länger, bis Sie mit unseren Rädern fertig sind, oder?«

»Wissen Sie was?« Der Verkäufer zeigte auf zwei Räder, die neben einer Säule standen: »Ich nehme Ihren Hundekorb, klemme ihn auf eins der E-Bikes, und sie radeln zur *Mangfall*. Das ist nicht weit von hier, ich zeichne Ihnen das auf der Karte auf. Schauen Sie mal.«

Er klopfte mit dem Zeigefinger auf eine Stelle: »Hier sind wir. Wenn Sie links und an der Kreuzung wieder links fahren, kommen Sie ans Klinikum. Rechts davon ist ein Kunstwerk, ein Straßenlaternen-Sammelsurium aus der ganzen Welt. Am Klinikum entlang gehts zum Mangfalldamm, dort gibts den *Innspitz*, das ist der Zusammenfluss von Inn und Mangfall, das *Landesgartenschaugelände* mit der gläsernen Aussichtsplattform und einem schön angelegten, breiten Fahrradweg am Inn entlang. Landschaftlich sehr schön. Man sieht die Berge, das Wasser und kommt an vielen kleinen Seen vorbei. Mit den E-Bikes sind Sie in 20 Minuten in Neubeuern. Dort sollten Sie sich den historischen Marktplatz ansehen, der schon Drehort in vielen Filmen war.

»Danke, aber langsam wird das ein bisschen viel.« Robert kratzte sich am Kopf: »Aber Ihre beiden Leihräder nehmen wir gerne. Ich hole den Hund aus dem Auto und dann strampeln wir los.« Er schaute Emma an: »Ihr beide befestigt Rambos Korb, ja?«

Und so radelten die beiden Grammels nebst Hund eine Viertelstunde später auf der Rosenheimer Seite des Inns bei Kastenau auf dem Damm in Richtung *Neubeuern*. Vorneweg Robert, mit Rambo im Korb auf dem Gepäckträger.

»Jetzt schau dir nur den Blick in die Berge an! Das da vorne ist die Innstaustufe«, rief Robert nach hinten.

»Da geht eine Straße rechts runter, lass uns da mal fahren, vielleicht muss der Rambo ein bisschen die Bäume gießen.«

Robert nickte und bog ab. Unten, an der Kastenauer Straße, stand ein Mann und sprach zu einem kleinen Hund, der vor ihm saß. Robert bremste: »Grüß Sie, wo sind denn hier die Seen? Man hat uns erzählt, hier gibt es welche.«

Der Mann lächelte: »Na ja, wenn Sie hier in die Moosbachstraße einbiegen, gleich da vorne, geht dann rechts ein Weg ab. Da kommen Sie zum **Kaiserweiher**. Ob das allerdings der richtige See für Sie ist – also, ich weiß nicht. Wenn Sie oben am Damm noch ein bisschen weiterradeln, dann kommen Sie an den **Floriansee**, den **Happinger-Au-See**, ein bisschen weiter kommt der **Happinger See**, und wenn Sie kurz nach dem über die Brücke auf die andere Seite fahren, kommen sie zum Hochstraßer See, da gibts einen gemütlichen Biergarten und Verschiedenes vom Grill, und man kann dort gut spazierengehen, weil ein See in den anderen übergeht. Sechs Seen liegen da sehr nahe beieinander, und das ist selten und romantisch.«

»Ach was, See ist See, guter Mann«, sagte Emma etwas ungeduldig. »Wir radeln zu diesem Kaiserweiher und gehen mit dem Hund ein bisschen am See entlang. Das darf man doch, oder?«

Der Mann grinste und nahm seinen kleinen Mischling auf den Arm: »Natürlich darf man das. Ich wünsche Ihnen schon mal viel Spaß. Auf Wiedersehen.«

Emma schaute dem Mann nach: »Diese Einheimischen hier in Oberbayern sind schon manchmal etwas eigenartig, findest du nicht auch, Robert?«

Mittertor, das letzte von ehemals 5 Stadttoren

Die Nackerten wissen scho wos schee is!

Im Riedergarten gibts jede Menge Kräuter

Salingarten, die grüne Oase Rosenheims

31

Nach hundert Metern nahm Robert den Rambo aus seinem Korb und setzte ihn ab. Neugierig schnüffelte der kleine Dackel an den Bäumen und Büschen und raste aufeinmal wie von einer Wespe gestochen los. Robert lehnte sein Fahrrad an einen Baum, schloss es ab und trabte über den Weg hinter dem Hund her, der schon außer Sicht war.

Hinter sich hörte er Emma laut rufen: »Rambo ...., Rambolein, ...ja, wo ist er denn? Komm zum Frauli, komm!«

Robert schrie: »Rambo, kommst du her! Auf der Stelle.« Dann sah er neben einem Gebüsch ein Schild, auf dem stand AB HIER FKK ERLAUBT. Er bremste abrupt ab, Emma lief auf ihn auf und rief: »Pass doch auf!«

Und in dem Moment kam Rambo angerannt. Im Maul hatte er ein Stück weißen Stoff. Emma fing den Hund ab, hob ihn hoch und sagte: »Komm her, mein Kleiner, komm zu Mami. Was hast du denn da?« und zu Robert: »Steh nicht so rum, nimm ihm den Fetzen aus der Schnauze. Wer weiß, was das ist.«

Robert griff dem knurrenden Dackel an den Kiefer, öffnete ihm die Schnauze und hielt den Gegenstand hoch: »Das ist eine Männerunterhose. Ziemlich neu. Und da vorne steht sogar der Name vom Besitzer draufgestickt: CALVIN KLEIN. Schau mal.«

Emma verdrehte die Augen: »Das ist eine Handelsmarke. Aber woher sollst du sowas wissen? Du trägst ja nur linksgezwurbelte Feinrippbuxen, weil deine Mama das so wollte.«

Plötzlich kam ein nackter Mann um die Büsche herum auf sie zu und stand heftig atmend vor ihnen: »Was wird denn das? Haben Sie das kleine Monster auf Diebestour geschickt? Ja, wo samma denn hier überhaupt?«

»Beruhigen Sie sich bitte. Hier haben Sie Ihre, äh ...Kleidung zurück. Bitte entschuldigen Sie, aber der Rambo hat sowas noch nie gemacht. Das ist mir jetzt echt peinlich.«

»Sollte es auch. Wir liegen da gemütlich am See, da kommt diese durchgeknallte Bürste angerast, schnappt sich meine Unterhose und haut wieder ab.« Er drehte sich zu Emma, die überall hinschaute, nur nicht auf den nackten Mann: »Was grinsen Sie so? Der Kaiserweiher ist ein **FKK-See** und Sie, Sie ..., sind sie Spanner oder was?«

»So, jetzt ist es gut, Herr Klein. Hier haben Sie Ihre Unterhose. Wenn sie beschädigt ist, kaufen wir Ihnen eine neue. Darf ich Ihnen zehn Euro als Schmerzensgeld für den erlittenen Schrecken anbieten? Uns tut das alles leid, und es ist uns sehr unangenehm.«

»Klein? Ich heiße nicht Klein. Geben Sie her. Na ja, zerrissen ist sie nicht.« Hinter dem nackten Mann tauchten noch drei unbekleidete Männer auf. Emma drehte sich weg, und Robert sagte: »Wir sind Touristen und wollten mit dem Hund ein bisschen spazierengehen. Dass das hier, wie soll ich sagen, ein spezieller See ist, das wussten wir nicht, ehrlich. Und das Schild hier, das hab ich in dem Augenblick gesehen, als der Hund schon um die Kurve kam.«

Die Männer grinsten, der Kerl vor Robert ließ die Unterhose am Zeigefinger baumeln und sagte: »Was solls, ist ja nix passiert. Aber erschrocken haben wir uns schon. Gleich da vorne sind noch ein paar Seen, ich glaube, die sind für Sie besser zum Spazierengehen geeignet. Schönen Tag noch, Wiedersehen.«

Die Nackten entfernten sich, und Emma sagte: »Puh, hier ist was los. So, und jetzt radeln wir weiter, da vorne hab ich schon die Brücke gesehen, da gehts auf die andere Seite. Jetzt will ich ein kühles Bier am See, das brauch ich für meine Nerven.«

Oben, am Damm, schwang sich Robert auf sein Fahr-rad, streichelte den Hund und sagte zu Emma: »Könntest du dir das eigentlich auch vorstellen, dass wir beide an so einem FKK-See …, du weißt schon.«

»Was?« Emma starrte ihn an: »Bist du verrückt? Was soll der Hund von uns denken?«

»Der ist moralisch sehr flexibel, glaube ich.«

Und damit fuhr er los. Nach wenigen Minuten waren sie auf dem Weg, der über die Brücke führte. Links kam ein See in Sicht. »Das muss der **Hochstraßer See** sein. Ah, da unten sehe ich schon einen Pfad. Und die Wirtschaft ist dort hinten. Auf gehts.«

Im **Biergarten der Seegaststätte** war gut was los, und sie setzten sich zu zwei Männern, die Weißbier tranken. »Schön ist es hier«, sagte Robert zu den beiden, »wir sind zum ersten Mal in dieser Gegend. Wo sind denn die ande-ren Seen?«

»Wenn Sie an den Skulpturen vorbei in den Wald gehen und auf dem Weg bleiben, kommen Sie auf einen Rund-gang am **Wörthsee**, am **Jagdhaussee** und den fünf oder sechs anderen vorbei, die keinen Namen haben. Wenn Sie noch nie hier waren, sollten Sie sich das ansehen. Es ist schon was besonderes. In den Seen sind kleine Inseln, man kann in den größeren Seen überall baden, und man sieht alle möglichen Arten von Enten und Wasservögeln.«

»Ist hier irgendwo ein FKK-Strand?«, fragte Emma miss-trauisch und schaute auf die Menschen, die auf der Wiese vor dem See unter den Bäumen oder in der Sonne lagen.

»Ja, schon, wenn Sie um die Südspitze vom **Hochstra-ßer See** gehen, da liegen immer welche. Das ist ein inof-fizieller Nacktstrand, den kennen nur die Einheimischen. Wollen Sie da hin?«

»Nein danke, unser Tagesbedarf an Nackten ist für heute gedeckt«, sagte Robert und stand auf. »Ich hole uns was zu Trinken. Zwei Radler, was meinst du?«

Emma nickte: »Bring Wasser für den Rambo mit.« Und zu einem der Männer: »Was ist das für ein Berg, der große mit der Gipfelstation, direkt oberhalb des Sees?«

»Das ist der **Wendelstein**. Da geht von Brannenburg aus eine historische Zahnradbahn hoch, das ist ein echtes Erlebnis. Die machen auch Mondscheinfahrten, oder, was auch sehr interessant ist der Gang durch die **Wendelstein- höhle**. Die dauert drei Stunden. Sie kriegen oben im Wendelsteinhaus einen Overall, Lampe und Helm und dann gehts ab in die interaktive Schauhöhle auf 1711 Metern Höhe.«

Unser Geheimtipp! Wendelsteinhöhle: Kühle Tour an heißen Tagen! www.wendelsteinbahn.de

Robert kam mit den Getränken zurück: »Das ist ja toll. Die Wirtschaft ist eine **Racletterie**. Ab dem ersten Oktober gehen die Fritteusen in den Winterschlaf, sagt die Wirtin, und dann werden die Racletteöfen angeworfen. Am See, Raclette essen und Wein trinken, das hat doch was, oder?«

Die beiden Männer standen auf: »So, wir wünschen Ihnen noch einen schönen Urlaub. Der Karl und ich, wir gehen jetzt eine Runde Fischen.«

Kurz darauf summte Roberts Handy. Der Mann aus dem Fahrradladen war dran: »Wir sind mit Ihren Bikes fertig. Die Schlösser sind geöffnet, wir haben neue Schlüssel für Sie bereitgelegt. Die Räder sind aufgeladen und durchgesehen, Sie können jederzeit vorbeikommen. Wo sind Sie denn jetzt?«

»Am Hochstraßer See. Gibts auf dem Rückweg noch was Interessantes für uns zu sehen?«

»Warten Sie. Ja klar, radeln Sie am Inndamm entlang und wechseln Sie nach der Innstaustufe an der nächsten Brücke auf die Rosenheimer Seite. Bleiben Sie auf dem Damm und schauen sich bei der Innbrücke die **historische Lände** an. Dort ist ein Transportschiff in Originalgröße zu sehen, mitsamt dem dazugehörigen Rosszug, der als Stahlblech-Silhouette nachgebildet wurde. Ein Spezl von mir war hier, und der hat mir auch noch so einige Tipps für Sie gegeben, also bis später. Wir haben bis 19. 00 Uhr geöffnet.«

»Ok, wir sind in einer guten Stunde da.«

Es vergingen dann doch zwei Stunden, bis die Grammels wieder im Fahrradladen in der Kaiserstraße standen. Sepp, der Verkäufer, übergab ihnen die neuen Schlüssel: »Hier, die kosten acht Euro, der Rest geht aufs Haus. Die Tipps von meinem Spezl hab ich mir aufgeschrieben. Es waren einfach zu viele zum Merken. Den Zettel geb ich Ihnen mit. Schauen Sie mal: in **Neubeuern** gibts die **Wolfsschlucht**, das ist ein ehemaliger Steinbruch, der nicht nur für Kletterfreunde interessant ist. Aus seinen Steinen wurde das Neubeurer Schloß gebaut. Aus den Grünsandsteinwänden hat man auch komplette Mühlsteine herausgehauen. Das kann man deutlich sehen. Im Ort, am Marktplatz, beginnt der **Schiffleutwanderweg**, das ist ein neun Kilometer langer Rundweg über elf Stationen. Sehr aufschlußreich. Infos darüber und noch viel mehr gibts bei der Gästeninformation am Marktplatz. So, jetzt hab ich noch was hier in Rosenheim, wenn das Wetter mal nicht so berauschend ist: Im **Lokschuppen** sind oft sehr anregende Ausstellungen. Wenn Sie kulturmäßig was suchen, dann gehen Sie in die **Stadtbibliothek** am Salzstadel. Dort, in der Regiothek, finden Sie fast alle Reiseführer und Bildbände, die es zum Thema Chiemgau gibt. Und im Lesecafé können Sie viele verschiedene Tageszeitungen und aktuelle Magazine und Illustrierte durchblättern und dazu in Ruhe was trinken. Im *Mangfallpark* gibts eine große hölzerne Arche, die ist ein Café. Echt sehenswert, genau wie das historische *Museum im Mittertor*, oder das *Holztechnische Museum* am Max-Josefs-Platz. Und natürlich die *Städtische Galerie,* da hatten sie erst neulich eine Andy-Warhol-Ausstellung. Mögen Sie Jazz? Dann gehen Sie mittwoch- oder sonntagabends mal ins *LE PIRATE* am Ludwigsplatz, und anschließend besuchen Sie ein paar historische Wirtshäuser in der Weinstraße oder am Ludwigsplatz.«

»Super. Und bestimmt gibts hier auch einen Zoo, und einen Botanischen Garten, oder?«, fragte Robert und grinste schon mal schadenfroh.

»Nein. Aber wenn Sie in das *Gartencenter* gegenüber vom Eisstadion gehen, da sehen Sie Botanik in Hülle und Fülle. Neulich hatten die eine Orchideen-Ausstellung. Im Center finden sie aber auch Sissy und Franz. Das sind Blaustirn-Amazonen, die leben dort in einer sehr großen Voliere. Mit Sissy kann man sprechen, und von Franz kann man sich in den Finger beißen lassen.«

»Wirklich sehr nett. Das ist doch echt mal was anderes.« Robert legte einen Zwanziger auf die Theke: »Stimmt so. Danke, dass sie uns geholfen haben. Und Danke für die Tipps. Wir machen uns dann mal wieder auf die Socken.«

In der frühen Abenddämmerung saßen Emma und Robert an dem urigen Holztisch vor ihrem Ferienhaus in Rudersberg hinter Bernau. Auf dem Chiemsee waren nur noch wenige Boote und die Linienschiffe unterwegs. Am Himmel über den Inseln schwebte ein Fesselballon. »Sowas würde ich auch gerne mal machen«, sagte Robert und zeigte auf den Ballon.

»Kannst du doch. Im Haus liegt bei den Prospekten was von *Chiemsee-Ballooning*. Die starten hier in Bernau, so eine Ballonfahrt dauert 4 bis 5 Stunden, steht da. Für mich ist das ja nichts, und unser Kleiner hat Flugangst. Aber ich miete mir in der Zeit, während du in der Luft bist, unten am *Badehaus* in Felden ein Elektroboot. Damit schippern der Rambo und ich über die Wellen und schauen uns die Berge vom See aus an. Was meinst du dazu?«

Unser Geheimtipp!
Chiemsee-Ballooning:
die Welt von oben sehen
Tel.: +49 (0)8051 7144

»Ich meine, dass ich uns noch eine Flasche Wein hole, und dann planen wir erst mal, was morgen so abgeht. Soll ja ein schöner und warmer Tag werden. Wie wärs mit einer Fahrradtour um den See?«

»Da trinken wir einen drauf. Bring bitte ein Stück Wurst für Rambo mit.«

Was denn, wo denn, wie noch mal?

Seite 24 Erlebnisbauernhof
Tel.: +49 (0)8051 9617222 · www.seppenbauer.com

Seite 25 Seiseralm
Tel.: +49 (0)8051 9890 · www.seiserhof.de

Seite 26 Segway-Touren
Tel.: +49 (0)8031 43031 · www.segtour-rosenheim.de

Was denn, wo denn, wie noch mal?

Seite 26 Naturheilmittel Tel.: +49 (0)8031 30960
www.**alteapotheke-rosenheim.de**

Seite 27 Café Weth Tel.: +49 (0)8031 12932

Seite 27 Rosenheim-Cops-Tour
Tel.: +49 (0)8031 3659061 • www.**rosenheim.de**

Seite 28 Touristinfo Rosenheim
www.**touristinfo-rosenheim.de**

Der schnelle Weg zu allen Links:
www.**chiemgauerverlagshaus.de**

Seite 28 Inn-Museum
Tel.: +49 (0)8031 30501 • www.**wwa-ro.bayern.de**

Seite 33 FKK-Baden www.**nacktbaden.de**

Seite 34 Biergarten Seegaststätte Hochstrasser Alm
Tel.: +49 (0)8031 9080663 • www.**hochstrassersee.eu**

Seite 35 Wendelstein/Wendelsteinhöhle
Tel.: +49 (0)8034 3080 • www.**wendelsteinbahn.de**

Seite 36 Neubeuern
Tel.: +49 (0)8035 2165 • www.**kulturdorf-neubeuern.de**

Seite 36 Wolfsschlucht www.**stadler-markus.de**

Seite 36 Lokschuppen
Tel.: +49 (0)8031 3659002 • www.**lokschuppen.de**

Seite 36 Stadtbibliothek
Tel.: +49 (0)8031 3651443 • www.**stadtbibliothek.rosenheim.de**

Seite 37 Museum im Mittertor
Tel.: +49 (0)8031 3658751 • www.**museum.rosenheim.de**

Seite 37 Holztechnisches Museum www.**rosenheim.de**

Seite 37 Städtische Galerie
Tel.: +49 (0)8031 3651447 • www.**galerie.rosenheim.de**

Seite 38 Chiemsee-Ballooning
Tel.: +49 (0)8051 7144 • www.**chiemseeballooning.de**

Seite 38 Elektroboot-Verleih www.**chiemsee-bootsverleih.de**

Bernau, Rottau, Kendlmühlfilzen, Prien,
Breitbrunn, Gollenshausen ...

Jetzt wird geradelt!

»Lass uns draußen frühstücken, das wird ein Traumtag heute.« Robert stand in der Tür und schwenkte die Tüte mit den Semmeln und Brezen: »Die sind ja sowas von nett, die Leute in der Bäckerei Obermaier. Ich hab da ein paar Tipps bekommen, die muss ich dir gleich erzählen.«

Emma nahm das vollbepackte Tablett vom Küchentisch und gab es Robert: »Hier, nimm das mit, ich hab mir schon gedacht, dass wir rausgehen. Die Vermieterin war vorhin da, sie kommt gleich mit selbstgemachter Marmelade vorbei. Was haben die Bäckermädels erzählt?«

Robert schaute auf einen Zettel: »Geheimtipp Nummer eins: Eine Entschleunigungswanderung um den **Bärensee**. Der ist hier in der Nähe, man fährt nach Aschau, parkt beim **Café Pauli** unten am Wildbach. Und dann gehts auf dem Rundweg um den See. Mit Panorama-Bergblick, Wiesen, Schilf und seltenen Blumen, Pflanzen und Tieren. Geheimtipp zwei: Der **Forstrat-Jäger-Weg** in Aschau. Der führt unterhalb des Schlosses Hohenaschau entlang. Ab da über die Schloßbergstraße, über die Prienbrücke, am Bach entlang und durch den Wald. Fünfundvierzig Minuten vom Feinsten. Na?«

Unser Geheimtipp!
Entschleunigungs-Wanderung
rund um den Bärensee
www.aschau-entdecken.de

»Klingt gut, vielleicht morgen. Heute wird geradelt. Stell bitte die Sachen raus, jetzt frühstücken wir. Wo ist der Hund?«

Robert schaute über die Schulter, und ging mitsamt Tablett vor die Tür: »Komisch, der war gerade noch hier.«

In dem Moment ertönte lautes Bellen, vier Hühner rannten Robert, hysterisch flügelschlagend und gackernd, zwischen den Beinen hindurch, und er versuchte, sein Gleichgewicht zu halten. Schnell stellte er das Tablett ab und erwischte Rambo, der mit Volldampf bellend und zähnefletschend, mit angelegten Ohren, um die Hausecke gerast kam. Wenige Sekunden später folgte Fanny, die Vermieterin. Sie hielt zwei Einmachgläser in den Händen, schaute sich um und sagte: »Was war das denn eben? Hetzt Ihr Hund vielleicht meine Hühner? Nein, oder?«

»Was? Nein, nein, nie im Leben. Das haben Sie vollkommen missverstanden. Er mag Federvieh sehr gerne, besonders Hühner. Er ist quasi von Hühnern großgezogen worden. Die fünf haben gerade sehr nett gespielt, das hätten sie sehen sollen. Und überhaupt. Sie sehen doch, wie er schaut. So ein kleiner Kerl jagt doch einem ausgewachsenen Huhn keine Angst ein, oder?«

Fanny stellte stirnrunzelnd die beiden Gläser auf den großen Holztisch vor dem Haus: »Hier, das ist selbstgemachte Hollundermarmelade, und die hier, das ist Pflaume mit Rum. Die macht mein Mann, wobei er für zehn Gläser Pflaumenmarmelade eine ganze Flasche Rum braucht und dann dementsprechend drauf ist.«

Emma kam mit dem Kaffee und setzte sich: »Kommen Sie doch auf eine Tasse zu uns, Fanny. Ich wollte Sie eh was fragen. Robert, bringst du den Rambo rein? Vielleicht haben die Hühner für heute genug von seinen Zärtlichkeiten.«

Die Drei tranken, und Emma fragte: »Was ist denn das für eine große grüne Fläche, da unten, halbrechts?«

»Das sind die *Kendlmühlfilzen*. Das größte zusammenhängende Hochmoor in Bayern mit einem speziellen Moorlehrpfad. Ein faszinierendes Gebiet. Früher wurde da Torf abgebaut. Als Arbeiter wurden die Häftlinge der JVA Bernau eingesetzt. Das alte Gefängnis steht immer noch da. Später, in den 70er und 80er Jahren, wurde Blumenerde gewonnen, aber seit '92 sind die Filzen ein Naturschutzgebiet. Fahren Sie heute mit den Rädern los?«

Robert nickte mit vollem Mund, Fanny sprach weiter: »Dann radeln sie den Berg runter und halten sich rechts. An der B 305 ist das **Museum Klaushäusl**. Das Brunnhaus war früher Teil der Soleleitung von Reichenhall über Traunstein nach Rosenheim. Die Pumpstation war bis 1958 in Betrieb, jetzt ist dort das **Salz-und Moor-Museum**. Sollte man sich ansehen. Dann fahren Sie am besten weiter nach Mietenkamm, dahinter beginnt der **Ewigkeitsweg** durch die Kendlmühlfilzen. Warum der Weg so heißt, weiß keiner mehr so recht. Der Weg führt mitten durch das Hochmoor. Geradeaus weiter und dann, etwas rechts, kommen Sie zum **Moor-und Torfmuseum**, das ist der ehemalige Torfbahnhof. Ab und zu fährt sogar die alte Feldbahn noch ein paar Runden durch die Filzen. Und im Winter gibt es nächtliche Fackelwanderungen durch das Moor. Das sieht von hier oben beeindruckend aus.«

»Warum ist da, im Moorgebiet, kein Wald?« Emma nahm sich noch eine Breze.

Robert räusperte sich: »Weil Hochmoore extrem sauer sind, es fehlt an Nährstoffen. Birken kommen damit klar. Ich bin mir sicher, dass wir da unten auch Sonnentau sehen werden, das ist eine fleischfressende Pflanze.«

»Sehr interessant«, mampfte Emma mit vollem Mund.

»So, ich muss dann mal wieder«, sagte die Fanny und stand auf, »wenn Sie links vom Torfmuseum unter den Bahngleisen der schmalen Straße folgen, kommen Sie an das alte Gefängnis. Nach ein paar hundert Metern gehts dann links ab, und man fährt durch den Außenbereich der neuen JVA nach Felden auf den **Chiemseerundweg**.«

»Wie lang ist der?« Robert schaute zweifelnd über den See.

»Na ja, wenn Sie den ganzen Chiemseerundweg fahren, dann sind das so um die 57 Kilometer. Das ist ein kombinierter Rad-und Fußweg, der streckenweise nah am Ufer verläuft. Aber es gibt ja den **Rad- und Wanderbus**. Der fährt mehrmals täglich rund um den See. Wenn Ihnen die Puste ausgeht, packen Sie die Räder in den Busanhänger und fahren gemütlich wieder zurück. Unten an der Straße bei Farbing ist sogar eine Haltestelle, also fast direkt vor Ihrer Haustür.«

Robert wollte was sagen, aber in dem Moment summte sein Handy: »Hallo? Ja, Bennie, grüß dich. Wie schauts aus am Gardasee?« Emma verzog das Gesicht und flüsterte: »Das sind Nachbarn von uns, die Kuhlmanns. Unangenehme Menschen. Aber Gottseidank sind sie weit weg.«

Robert wedelte mit der Hand: »Was? Die Verbindung ist nicht gut. Wo bist du? Auf der Autobahn bei Innsbruck? Fahrt ihr schon heim? Ihr habt doch noch Urlaub?«

Dann schnitt er eine schmerzhafte Grimasse: »Ach, hierher zu uns kommt ihr? Ja, natürlich freuen wir uns. Was? Nein. Das hier ist ein Ferienhaus. Hier kannst du kein Wohnmobil danebenstellen. Wie? Nein, keine Ahnung, wo du hinkannst. Das ist echt schwierig hier.«

Fanny kramte einen Zettel aus der Tasche, schrieb was drauf und hielt ihn unter Roberts Nase. Der las stirnrunzelnd: »**Tenniszentrum-Bernau.de**«. Und zu Fanny: »Die Kuhlmanns spielen kein Tennis, die haben ein Wohnmobil.«

Fanny schüttelte den Kopf und nahm Robert das Handy aus der Hand: »Hallo? Ja, grüß Sie. Ich bin die Fanny, die Ferienhaus-Vermieterin. Also, die haben im Tenniszentrum einen der schönsten Wohnmobil-Parks, die ich kenne. Nur zwanzig Stellplätze, Bergblick, 10 Minuten zum See. Fahren Sie da mal hin. Was? Nein, keine Ursache. Gute Fahrt. Möchten Sie den Robert noch mal? Hallo?«

Und zu Robert: »Weg ist er. Scheint ein netter Mann zu sein.«

Robert schaute Emma an und sagte: »Die Kuhlmanns sind unausstehlich. Er weiß alles besser, hat alles schon gemacht, gegessen und getrunken, egal was es ist und wie es schmeckt. Und sie kann reden ohne Luft zu holen. Die Frau ist ein Kiemenatmer, vermute ich. Und das Wohnmobil von denen, Mann! Froschgrün mit roten Vorhängen. Sieht aus wie ein rollendes Freudenhaus.«

Fanny zuckte die Schultern: »Ja mei, wenn ich das vorher gewusst hätte. Ich wünsche Ihnen trotzdem einen schönen Tag, Sie wollen bestimmt jetzt los, oder?«

Ein paar Minuten später hob Robert den Rambo in seinen Korb hinter dem Fahrradsattel, stieg mit Schwung auf und rief: »Alle mir nach.«

Den Hügel runter gings ziemlich flott, und Emma schrie von hinten: »Zum Klaushäusl müssen wir nach rechts!«

Robert schüttelte den Kopf: »Nein, wir fahren direkt in die Filzen.« Er bog bei Farbing links ab, und nach wenigen Minuten waren sie im Hochmoor: »Schau dir das an«, jubelte Robert, »Heidekraut, Libellen, Schmetterlinge, Teiche und die Berge im Hintergrund, das ist ja Postkartenidylle pur.«

»Und da hinten, die Birkenwäldchen, einfach herrlich. Was ist das für ein Gebäude, links hinten?«

»Das ist der alte *Torfbahnhof Rottau*. Unser erster Stopp.«

44

Vor dem **Moor-und Torfmuseum** bremste Robert ab und nahm den Dackel aus dem Korb: »So, Herrschaften. Wir stehen vor einem Stück Zeitgeschichte. Das da drüben ist die einzig vollständig erhalten gebliebene Torfpresse. Und man beachte die Holzbauarchitektur des Gebäudes. Ich finde das bemerkenswert.«

Rambo näherte sich einer der hölzernen Säulen, schnüffelte und hob ein Bein.

»Dieser Hund hat keinen Sinn für so etwas«, sagte Robert, hob den Dackel hoch und setzte ihn wieder in den Korb. »Auf gehts, wir radeln weiter.«

Vorbei am alten Gefängnis bogen sie nach links ab und fuhren an großen Freigehegen vorbei, in denen Rehe und Hirsche weideten. Robert drehte sich im Sattel zu Rambo um, der die Tiere begierig betrachtete: »Guck du ruhig mal genau hin. Das ist das Tiergefängnis. Die haben hier auch eine eigene Abteilung für zwergwüchsige Hunde, verbrecherische Dackel und so weiter. Also, benimm dich, sonst landest du auch hier.«

An der JVA vorbei, bogen sie nach rechts in die Allee ein, unterquerten die Autobahn und waren wenige Minute später am Chiemsee.

»Da vorne ist der Radweg. Wir halten uns links. Volle Kraft voraus.«

Emma schüttelte den Kopf und meinte: »Jaja, Käptn, mach du mal«, dachte sich aber, was für ein abwechslungsreicher Radweg, durch Schilf, vorbei an Birkengruppen, und rechts – immer wieder den See in seiner ganzen Pracht.

Am Harras kamen sie an einem kleinen Hafen vorbei, und dahinter lag der **Gasthof Zum Fischer am See**.

»Einladendes Gasthaus. Schau dir mal die Terrasse an. Wollen wir eine kleine Pause machen?«

»Nein, für eine Einkehr ist es noch ein bissel früh. Wir setzen uns hier ein paar Minuten auf die Bank«, rief Emma, und Robert bremste sein Fahrrad ab.

»Jetzt schau dir nur diese Aussicht an! Die Berge, das dichte Schilfgras hier. Komm her, Mann, rück etwas näher.«

Robert legte den Arm um Emma, Rambo schnupperte erst ein bisschen am Weg, dann trottete er zum Wasser, trank einen Schluck, und verschwand unter der Bank.

Robert holte sein Handy aus der Tasche: »Zwei Anrufe. Beide von Bennie Kuhlmann, dem eingebildeten Affen. Ich krieg die Krise, wenn die hierher kommen und uns den Urlaub versauen. Aber ich wüsste schon, wo ich den am ersten Tag hinschicke.«

Emma schaute ihn fragend an, während er auf dem Display herumdrückte. Dann hielt er ihr das Telefon vor das Gesicht: »Hier, schau mal. Da müsste sich der Kuhlmann sauwohl fühlen.«

»Sieht aber toll aus. Was ist das? Sind das Baumhäuser?«

»Nein, Frau, das ist der **Kletterwald in Prien**. Da radeln wir gleich dran vorbei. Schau mal: Die haben 13 verschiedene Parcours in allen Schwierigkeitsgraden. Hier, der Panorama-Parcous: in 14 Metern Höhe kletterst du auf Doppelstrickleitern und Hängebrücken zwischen den Bäumen und hast einen unvergesslichen Blick auf den See, die Inseln und die Berge. Da schicken wir den Kuhlmann hin.«

»Bist du jetzt boshaft, oder was?«

Robert schüttelte den Kopf: »Nein, gar nicht. Aber der Kerl ist doch evolutionsmäßig weit hinter dem modernen homo sapiens. Was der für lange Arme hat, und seine Zehen sind wie Finger. Erinnerst du dich, als wir mit den beiden in der Sauna waren? Ist dir das nicht aufgefallen?«

Emma stieß ihn mit dem Ellenbogen an: »Hör jetzt auf.«

In dem Moment surrte das Handy. Robert verdrehte die Augen: »Wenn man vom Teufel spricht! Ja, hallo?«

Er nickte: »Hallo? Die Verbindung ist nicht gut, Bennie. Seid ihr immer noch bei Innsbruck? Ja? Ah, ihr habt was gegessen. Gut. Wie ist das Wetter? Warum? Na ja, hier wird es sehr gewittrig, glaube ich. Dunkle Wolken über den Bergen, und man weiß ja, wie schnell im Chiemgau das Wetter umschlägt. Was?«

Robert steckte einen Finger in sein rechtes Ohr und presste das Telefon an das linke: »Wie, sie hätten dir gestern beinahe dein Womo gestohlen? Ehrlich jetzt? Warte, das erzähl ich schnell der Emma.«

Er drückte das Telefon auf seinen Oberschenkel und grinste: »Ich kann es nicht glauben. Wer will so ein grottenhässliches Teil klauen? Und weißt du was? Nur, weil der Motor nicht ansprang, mussten die Diebe wieder abziehen.«

»Wie schade«, sagte Emma.

Robert nahm das Handy ans Ohr: »Bennie? Hallo? Emma meint, das ist schade. Was? Nein, natürlich nicht schade, dass dein schönes Wohnmobil nicht entwendet wurde, sondern schade, dass man heutzutage nicht mal mehr in Ruhe Essen gehen kann, und schwupps, ist dein Auto weg. Was meinst du? Ihr bleibt doch noch einen Tag in Österreich? Das finde ich echt gut. Lass uns morgen früh mal telefonieren, vielleicht ist die Gewitterfront dann ja schon wieder weitergezogen. Servus Bennie, grüß die Anne von uns.«

Er steckte sein Telefon ein und schaute Emma an: »Na? Wie hab ich das gemacht?«

Sie küsste ihn auf die Wange: »Dafür bekommst du heute Mittag einen schönen Schnaps nach dem Essen, ok?«

Die Kendlmühlfilzen

Am Sonntag will mein
Robert mit mir Rudern
gehn ...

Einsamer Weg
durch die Birken in
den Kendlmühlfilzen

Catwalk für Enten

Die Fraueninsel grüßt schon
von weitem

Gstadt, der schönste
Blick zum Brunchen

Von hinten, aus dem kleinen Holzhaus bei der Gaststätte, ertönte eine wütende, laute Männerstimme: »Ja, schaust, dass du nauskummst, du Hundskrüppel, du diebischer!«

Emma schaute sich um: »Wo ist der Hund?«

Robert drehte sich auf der Bank, blickte über die Schulter und stöhnte: »Oh nein. Nicht schon wieder.«

Rambo kam mit einem silberglänzenden kleinen Fisch in der Schnauze angetrabt. Er rannte unter der Bank durch, bremste scharf ab und warf Emma den Fisch vor die Füße. Die schaute Robert an: »Jetzt tu doch was!«

Robert nahm den Fisch mit zwei Fingern und warf ihn in einem hohen Bogen links über den Weg: »Lauf. Fass. Braver Hund!«

Rambo sprintete wieder los und verschwand zwischen Bäumen und Sträuchern im dichten Schilf. Hinter der Bank kam ein Mann mit Gummischürze und in Stiefeln schwerfällig und heftig atmend angekeucht: »Haben Sie einen Hund gesehen? Mit einem Fisch in der Schnauze, ungefähr so groß?« Er hielt beide Hände vor den Bauch und schaute die Grammels fragend an.

Robert schüttelte den Kopf: »Wer? Der Hund oder der Fisch? Nein, hier war keiner von beiden. Warum?«

Der Mann stemmte die Hände in die Hüften, stieß zornig die Luft aus und sagte: »Der kam bestimmt vom **Panorama-Camping**, da wette ich drauf!«

»Von wo?« Robert schaute sich um.

»Gleich da drüben ist der Campingplatz. Links, hinter den Bäumen, direkt am See.«

»Können wir mit den Rädern da durchfahren? Wir wollen nach Prien«, fragte Emma.

»Man kommt da durch, aber Sie können auch an der Wirtschaft vorbei auf die Harrasser Straße fahren. Auf der bleiben Sie. Rechts kommt die Priener Klinik, links der

Kletterwald, und nach ein paar hundert Metern sind Sie am Hafen der **Chiemseeschifffahrt**.« Er kratzte sich am Kopf: »Ich muss dann wieder, schönen Tag noch.«

Emma und Robert nahmen die Fahrräder und schoben sie in Richtung der Bäume vor dem Panorama-Camping. Dort, neben einem großen gelben Zelt lag Rambo und verspeiste die Renke. »Jetzt brauche ich bald ein Bier«, sagte Robert.

Das tranken sie eine halbe Stunde später auf der Terrasse des Hotels Schlossblick neben dem **Erlebnisbad Prienavera**, einem Schwimmbad, das wie eine riesige gläserne Muschel direkt am Seeufer lag.

Robert schaute auf sein Handy-Navi, dann auf die Uhr: »Ich würde vorschlagen, wir radeln jetzt bis Gollenshausen, da gibt es auf dem Weg dorthin einen **Vogelbeobachtungsturm**, den würde ich gerne besteigen. Und dann wird es Zeit für einen Imbiss. Wollen wir weiter?«

Rambo, der überhaupt nicht verstehen konnte, warum man ihn an die Leine genommen hatte, schaute missmutig um sich. Emma nickte, dann sagte Robert: »Gut, dann gebe ich mal die Koordinaten ein.«

Vorbei an Guggenbichl und Schafwaschen fuhren sie über Kailbach nach Urfahrn. »Jetzt schau dir diese Landschaft an, und diesen Blick über den See«, rief Emma, »wollen wir hier mal anhalten?«

»Klar.« Robert bremste und schaute auf das Display seines Handys: »Den Platz müssen wir uns merken, wenn wir mal einen Badetag einlegen. Das vorhin zwischen der Kailbacher Bucht und Urfahrn war das **Breitbrunner Strandbad**, das eines der schönsten am ganzen See sein soll. Und hier, wo wir jetzt stehen – darauf weist dieser Gedenkstein hin – besser gesagt, bei den beiden Sitzbänken da vorne, das ist auch ein ganz besonderer Platz. Von hier aus hat sich damals, während der Bauphase des Schlosses, der König Ludwig auf die Herreninsel übersetzen lassen. Diese kürzeste Entfernung zwischen Insel und Landspitze heißt von jeher Urfahrn. Schau mal auf die Insel rüber. Siehst du die Kreuzkapelle? Direkt daneben ist ein idyllischer Biergarten. Wo ist denn mein Fernglas?« Robert kramte in der Hängetasche vor seinem Lenker. »Ah, da haben wir es.«

Derweil betrachtete Emma die Feuchtwiese bei den beiden Sitzbänken: »Was sind denn das für blaue Lilien?«

Robert senkte das Glas: »**Iris Sibirica**, die sibirische Schwertlilie. Gibt es nicht oft, dass so viele davon auf einem Fleck wachsen.«

»Lass uns uns doch ein bisschen auf der Bank sitzen und den herrlichen Ausblick geniessen.«

»Nein«, sagte Robert, » Wir radeln weiter, dann sind wir auch bald am **Beobachtungsturm Ganszipfel**, der zwischen Breitbrunn und Gstadt liegt. Dort machen wir eine Pause.«

Emma wollte aber eher rasten. Nachdem sie den Yachthafen und ein paar hundert Meter weiter den Hafen

Unser Geheimtipp!
Zwischen Breitbrunn
und Gstadt:
Beobachtungsturm
Ganszipfel

des **Breitbrunner Segelclubs** passiert hatten, kamen sie an den Fährhafen. Emma rief von hinten: »Robert, schau doch mal. Da links, das **Gasthaus Oberleitner**. Lass uns da doch auf der großen Terrasse was trinken, mit Blick auf die Herreninsel.«

Robert schüttelte den Kopf und fuhr weiter. Gleich darauf kamen sie zum ehemaligen Campingplatz in der Mühlner Bucht. Jetzt insistierte Emma: »So, hier halten wir jetzt aber. Da kann der Hund ein bisschen ins Wasser.«

Robert schaute nach hinten: »Ja, klar. Siehst du die Schwäne? Möchten wir wieder unangenehm auffallen? Hier kennt uns noch keiner, da wär es egal. Nein, wir radeln jetzt weiter zum Ganszipfel. Danach kannst du bestimmen, wo wir einkehren, ja?«

Das war eine gute Idee, denn von der Aussichtsplattform des hölzernen Turmes hatte man einen ausgezeichneten Blick auf den See und die Inseln. Emma trug den Hund, und Robert schaute durch das große Fernrohr: »Ich sehe Krickenten, Stockenten, Lachmöwen, das da drüben könnte eine Kolbenente sein, und links sehe ich ein paar Kormorane. Willst du auch mal?«

»Nein danke. Ich kriege Hunger. Man darf ja nirgends anhalten und was essen oder trinken. Das hier ist Urlaub und keine Rallye, oder hab ich da was verwechselt? Du kannst ja noch eine Zeitlang die Enten beobachten. Ich gehe mit dem Hund ein bisschen auf und ab, und dann suchen wir uns eine nette Gaststätte, ok?«

Eine Stunde später: »Wie heißt die Ortschaft da vorne?« Robert antwortete über die Schulter: »Das muss **Gollenshausen** sein. Ich glaube, wir radeln noch ein Stück bis zum **Malerwinkel**. Von da aus hat man einen der umwerfensten Seeblicke überhaupt, hab ich gelesen.«

Plötzlich war Emma auf ihrem Fahrrad neben ihm: »Nein, nein und nochmal nein. Es reicht. Ich habe Hunger, deswegen übernehme ich jetzt die Führung. Das nächste Wirtshaus am See, das ist unseres. Mir nach.«

Sie trat in die Pedale, überholte, und Robert fasste hinter sich und streichelte Rambo, der irritiert aus seinem Korb schaute: »Klapp die Ohren an, Kleiner, jetzt wirds ernst.«

Rechts am Ufer lag ein Steg, an dem ungefähr ein Dutzend Boote vertäut waren, dann waren sie am Gollenshausener Badeplatz, und gleich darauf jubelte Emma: »Da! Das *Café Seehäusl*, das schaut doch gut aus. Und ich sehe schon einen freien Tisch! Alle absitzen und Essen fassen.«

Robert trug den Hund zum Tisch und legte ihm die Leine an: »Noch so einen Klops wie das mit dem Fisch vorhin, möchte ich hier aber nicht erleben.«

»Ach, jetzt stell dich nicht so an. Das ist sein Spieltrieb, sonst nichts. Schau dich lieber mal um, wie wir hier sitzen. Wie die Könige, direkt am See.

Das mit den Palmen zwischen den Tischen ist ja toll. Karibikfeeling am Chiemsee. Mann, hab ich einen Hunger.« Sie schaute auf die Speisekarte, die auf dem Tisch lag: »Ich nehme die gebratene Renke mit Salat. Dazu ein Viertel Weißweinschorle. Danach einen Apfelweinkuchen. Und du?«

Unser Geheimtipp!
Der Gollenshausner Badeplatz und gleich daneben das Café Seehäusl
Tel.: +49 (0)170 4098672

Eine Bedienung trat an den Tisch: »Grüß euch. Was Sie gerne möchten, Hab ich schon gehört. Und der Herr?«

»Schnitzel mit Pommes. Und ein Bier. Danach einen Schnaps, bitte.«

»Da schick ich Ihnen dann den Chef vorbei, wir haben nämlich verschiedene Schnäpse, alle hier aus der Gegend. Für den niedlichen kleinen Dackel bringe ich Ihnen gleich eine Schale mit Wasser.«

Die Serviererin ging, und Robert schaute ihr nach: »Nett, die Frau. Hierher sollten wir mal zum Baden kommen. Da drüben ist die Liegewiese, und hier kann man essen. Man könnte sogar mit einem Boot anlegen. Einfach unbeschreiblich.«

Rambo knurrte, und Emma schaute unter den Tisch: »Du hast ihm das Halsband ein bisschen eng umgelegt, das passt ihm nicht. Mach das mal lockerer.«

Robert seufzte und tat, wie ihm geheißen.

Dann kamen die Getränke und das Wasser für Rambo, kurz darauf wurden die Speisen serviert.

»Sehr gut, das Schnitzel. Die Pommes sind auch lecker, schön knusprig. Wie ist dein Fisch?«

»Schmeckt sehr frisch und saftig.«

Die Grammels aßen und tranken, schauten auf den See hinaus und beobachteten die Menschen auf der Liegewiese und im Wasser. Was für ein Tag? Vom Kinderspielplatz nebenan drangen plötzlich spitze Schreie herüber, dann rief eine Frauenstimme: »Das gibts doch nicht!«

Robert, der auf seinem letzten Stück Schnitzelfleisch kaute, schaute unter den Tisch und fragte mit vollem Mund: »Wo ist der Rambo?«

»Ich dachte, der liegt bei dir?«

»Und ich hab geglaubt, du hast ihn. Oh nein, der ist irgendwie aus dem Halsband rausgeschlüpft. Was hat er jetzt wieder angestellt?«

Robert putzte sich den Mund ab, nahm einen kräftigen Schluck Bier und schaute sich um. An der Ausgabetheke stand eine junge Frau und sprach mit der Bedienung. Die nickte, stellte ein Glas ab und zeigte zum Tisch der Grammels rüber.

Robert stand auf, als die Frau an den Tisch kam. Offensichtlich war sie ziemlich zornig: »Gehört dieses Dackeluntier ohne Halsband da drüben Ihnen?«

»Äh, kann sein. Was hat er gemacht?«

»Das kann ich Ihnen sagen. Mein kleiner Sohn und meine Tochter spielen nichtsahnend auf der Federwippe, da kommt dieses Ungeheuer angeschlichen und tut so, als ob es mit den Kindern spielen wollte. Dann reißt es meinem Jungen die Leberkässemmel aus der Hand und haut damit ab.«

»Wo ist der Hund jetzt?«

Mittlerweile war auch die Bedienung an den Tisch getreten: »Ihr Hund liegt unter dem Busch neben der Dusche und kaut auf was rum.«

Emma stand auf: »Ich hole ihn. Bitte entschuldigen Sie, sowas macht er sonst nie. Er mag Kinder sehr gerne.«

»Na, da habe ich ja echt Glück gehabt, dass er meine Kleinen nicht gleich aufgefressen hat, oder?«

Robert sagte: »Das tut uns echt leid. Es ist meine Schuld. Ich habe ihm das Halsband zu locker umgelegt. Bitte, bestellen Sie für Ihre Kinder und sich, was immer Sie möchten.« Und zur Bedienung: »Das geht auf meine Rechnung. Mir bringen Sie bitte einen doppelten Schnaps.«

Emma, die Frau und die Serviererin gingen, und Robert ließ sich auf seinen Stuhl fallen und wischte sich über die Stirn. Emma kam mit einem sehr zufrieden dreinschauenden Dackel auf dem Arm zurück und setzte sich: »Mit euch blamiert man sich echt überall. Schau nur, wie uns die Leute anstarren.«

Ein Mann, der ein Tablett mit sechs Flaschen balancierte, kam an den Tisch: »Habediehre, ich bin der Stocki, der Wirt. Die Rena hat mir erzählt, was passiert ist. Dackel sind halt mal richtige Gauner, da kannst du nix machen. Sie wollten einen Schnaps? Hier, schauen sie mal, das sind lauter Obstbrände und Liköre, die hier in der Gegend gebrannt werden.«

Er stellte das Tablett auf den Tisch: »Welcher darf es denn sein?«

55

»Einer wird nicht reichen. Ich fang mit dem hier an, dem Obstler. Und für meine Frau bringen Sie bitte ein Viertel Weißwein.«

»Robert, wir sind mit den Fahrrädern hier, und wir müssen zurück nach Bernau!«

Der Stocki sagte: »Das dürfen Sie jetzt nicht so eng sehen, liebe Frau. Gleich oberhalb vom Seehäusl ist an der Straße eine Bushaltestelle. Da hält auch der Bus von der **Chiemseeringlinie**, der Sie und die Fahrräder wieder sicher zurückbringt. Ich schicke Ihnen gleich den Fahrplan raus, dann können Sie ja schauen, wann Sie zurückfahren möchten.«

Sieben Schnäpse, diverse Biere und zwei Stunden später saßen die Grammels im Bus. Die Fahrräder waren gut im Anhänger verstaut, und Rambo schlief auf Roberts Schoss.

Er streichelte den Hund und schaute selig lächelnd aus dem Fenster: »Dass wir heute noch zu einer Bustour kommen, das hätten wir beim Frühstück auch nicht gedacht, oder?«

»Sonst hast du mir nichts zu sagen? Zum Beispiel, was das soll: Sieben Schnäpse zum Mittagessen?«

»Ja, und drei Biere. Weißt du was? Ich glaube, das wird ein richtig schöner Urlaub.«

Was denn, wo denn, wie noch mal?

Seite 40 Wandern am Bärensee www.aschau-entdecken.de

Seite 40 Café Pauli www.cafe-pauli.de

Seite 41 Moorlehrpfad Kendlmühlfilzen
www.alpen-moorallianz.eu/kendlmuehlfilze

Seite 42 Museum Klaushäusl Tel.: +49 (0)8641 5467
www.grassau.de/de/museum-klaushaeusl-de

Was denn, wo denn, wie noch mal?

Seite 42 Moor-und Torfmuseum
Tel.: +49 (0)8051 9674701 · www.torfbahnhof-rottau.de

Seite 43 Chiemseerundweg
www.rad-reise-service.de/tour708.html

Seite 43 Rad- und Wanderbus
Tel.: +49 (0)8051 9674701 · www.chiemsee-alpenland.de

Seite 45 Gasthof Zum Fischer am See
Tel.: +49 (0)8051 90760 · www.fischeramsee.de

Seite 46 Kletterwald in Prien
Tel.: +49 (0)8051 965 0885 · www.kletterwald-prien.de

Seite 49 Panorama Camping
Tel.: +49 (0)8051 904613 · www.camping-harras.de

Seite 50 Chiemseeschifffahrt
Tel.: +49 (0)8051 6090 · www.chiemsee-schifffahrt.de

Seite 50 Erlebnisbad Prienavera
Tel.: +49 (0)8051 609570 · www.prienavera.de

Seite 50 Vogelbeobachtungsturm Ganszipfel
Tel.: +49 (0)8051 9674701 · www.chiemsee-alpenland.de

Seite 50 Breitbrunner Strandbad
Tel.: +49 (0)8054 234 · www.breitbrunn.com

Seite 51 Iris Sibirica
www.natur-chiemsee.de/html/natur.html

Seite 51 Breitbrunner Segelclub
www.scbc.de

Der schnelle Weg zu allen Links:
www.chiemgauerverlagshaus.de

Seite 51 Gasthaus Oberleitner
www.breitbrunn.com/html/gastronomie.html

Seite 53 Café Seehäusl
Tel.: +49 (0)170 4098672 · www.seehaeusl-gollenshausen.de

Seite 56 Chiemseeringlinie www.chiemseealpenland.de/erle-
ben/Chiemsee/Chiemseeringlinie

Es regnet!

4. TAG

Robert wurde gegen sieben Uhr wach. Er rieb sich die Augen und stöhnte auf. Ein heftiger Kopfschmerz ließ ihn auf das Kissen zurücksinken. Nach ein paar Sekunden realisierte er, dass das Brummen und Piepsen nicht aus seinem Kopf kam, sondern von seinem Handy, das sich träge wie ein Käfer, der auf dem Rücken lag, langsam im Kreis drehte.

»Ja?«

»Bennie Kuhlmann, guten Morgen, mein Lieber! Der frühe Vogel fängt den Wurm.«

»Bennie, der frühe Vogel ist mir sowas von Wurscht. Ich hab Kopfweh, und es ist mitten in der Nacht. Was willst du?«

Lachen drang aus dem Handy: »Es ist früher Morgen, Robert. Wir wollen jetzt losfahren und ich denke, in zwei Stunden sind wir da. Wie ist das Wetter am Chiemsee?«

Robert schaute auf seine schlafende Frau, auf den Hund, der in seinem Korb am Fußende des Bettes leise schnarchte, und dann aus dem Fenster: »Es regnet. Ich glaub es nicht, ehrlich jetzt. Gestern war es noch strahlend, und jetzt regnet es in Strömen.«

Ein lautes Schnauben kam durch den Hörer: »Willst du mich veräppeln, oder was? Gestern war ein Gewitter, hast du mir erzählt, was ist denn mit dem passiert?«

»Dem Gewitter? Äh, ja, also, sowas geht schnell hier im Voralpenland. So ein Gewitter, das kommt ruckzuck und zieht genauso schnell wieder ab. Aber heute regnet es. Ich kann von hier aus den See nicht sehen, so dicht fallen die Tropfen. Wenn du es nicht glaubst, dann geh doch auf die Webcam von der Touristinfo.«

Stille. Dann sagte Bennie Kuhlmann: »Hmh, wenn das so ist, dann bleiben wir noch ein bisschen hier. Vielleicht fahren wir ein wenig im Zillertal rum. Hoch nach Gerlos und so. Ich ruf dich morgen Mittag wieder an. Ihr seid doch nicht böse, wenn wir uns erst morgen sehen, oder?«

»Nein, nein, das passt schon. Was willst du auch hier, wenn es gießt. Dann bis morgen, wir hören voneinander.«

Robert legte das Handy auf den Nachttisch und sagte zu Emma, die ihn fragend anschaute: »Die Kuhlmanns kommen erst morgen. Das ist die gute Nachricht. Die weniger gute ist: Es regnet heftig und ich habe Kopfschmerzen.«

»Deine Schuld. Du hast mittags schon genug gehabt, warum musstest du hier mit dem Mann von der Fanny abends dann auch noch ein paar Biere trinken?«

»Aus Höflichkeit, Frau. Also, was macht man an so einem Tag wie diesem?«

»Erst mal ausgiebig frühstücken. Wir fahren ins Café Obermaier runter, nehmen da das volle Programm, und dann sehen wir weiter. Jetzt zieh dir was an und geh mit dem Hund raus, ja?«

Ein paar Minuten später öffnete Robert die Haustür, Rambo schaute kurz nach draußen, schüttelte sich und drehte gleich wieder zu seinem Korb ab.

Robert seufzte, hob den Hund hoch und setzte seinen Hut auf: »Wir sind dann mal draußen.«

Der Tisch im Café Obermaier war gedeckt mit allem, was zu einem guten Frühstück gehört. Die Bedienung kam mit frischem Kaffee, und Robert fragte: »Haben Sie vielleicht ein Aspirin für mich? Und ein paar Tipps, was wir heute bei so einem Wetter unternehmen könnten?«

»Aspirin kommt gleich. Und ein paar Vorschläge für Sie habe ich auch. Ich komme aus Traunstein. Waren Sie da schon mal?«

Robert schüttelte den Kopf: »Was kann man da bei Regen machen?«

Sie lachte: »Sie sollten erst mal zur *Augenkapelle in Empfing* fahren, so wie Sie aussehen. Die ist direkt am Traunufer, am Nordrand der Stadt. Wir Einheimischen sagen, das Wasser der Quelle hilft gegen allerlei Beschwerden. Man wäscht sich die Augen aus und nimmt einen kräftigen Schluck. Schon der Herzog Wilhelm hat da gekurt, seine Leibärzte haben ihm das Heilwasser gegen seine Gicht, die Verstopfung und sein Ohrensausen verschrieben. Die einfachen Leute haben damals gesagt, das Wasser hilft auch gegen ein blödes Gesicht.«

»Na, dann müssen wir doch unbedingt dahin«, sagte Emma lachend. »Was können wir in der Gegend von Traunstein noch machen?«

»Tja, ich gehe gerne in die *Lourdeskapelle*, die ist mitten in der Stadt, am Maxplatz, neben dem Pfarrhof. Niemand vermutet an dieser Stelle so ein Kleinod. Aber die Kapelle ist im Inneren mit Sicherheit eine der schönsten im Landkreis. Die Atmosphäre, die dieser Kraftort ausstrahlt, werden Sie lieben. Zahllose flackernde Kerzen und die vielen Votivtafeln von den erhörten Gebeten der Gläubigen geben der Kapelle eine mystische Ausstrahlung. Traunstein ist die Vaterstadt von Pabst Benedikt dem XVI., der hier seine Jugend verbrachte. Überhaupt kann man in Traunstein viel unternehmen. Wir haben einige Museen. Da wäre das *Stadt- und Spielzeugmuseum*, die *Städtische Galerie*, die *Alte Wache* im Rathaus oder das *Druckereimuseum*. Und es gibt Ausstellungen im *Kunstraum Klosterkirche*, Stadtführungen, wie den Pabst-Benedikt-Spaziergang, Brauereiführungen ...«

»Au ja«, sagte Robert, »das hört sich gut an!«

»Du bekommst heute keinen Alkohol«, sagte Emma,

und die Bedienung meinte: »Frühstücken Sie jetzt erst mal in aller Ruhe, ich spreche mit meiner Kollegin in der Backstube, die ist aus Siegsdorf, bestimmt fällt der auch noch was für Sie ein. Bis gleich.«

Emma nahm sich eine Breze aus dem Korb: »Was dir sicher neu sein dürfte, denn es hat ja auch wenig mit Alkohol zu tun: Der berühmte Dichter Thomas Bernhard hat in Traunstein gewohnt, man kann das **Thomas-Bernhard-Haus** besichtigen, und die historische Mittermühlstiege wurde in Thomas-Bernhard-Stiege umbenannt. Das hat mir vor einigen Wochen eine Kollegin erzählt. Gut, dass mir das jetzt wieder eingefallen ist. Was machst du eigentlich andauernd mit deinem Handy? Langweile ich dich?«

Robert schüttelte den Kopf: »Nein, ich hab nur die Informationen eingegeben und bekomme angezeigt, was es in der direkten Nachbarschaft der berühmten Stiege noch für uns zu entdecken gibt.«

»Das ist aber nett. Entschuldige, dass ich dich vorhin so angefahren habe. Was gibt es denn noch an Kultur?«

»Die Pizzeria Gorilla und den **Brauerei-Ausschank Schnitzelbaumer** in der ehemaligen Brauereihalle.«

Emma schüttelte den Kopf: »Sehr witzig. Hast du auch was Antialkoholisches im Angebot?«

Robert tippte auf dem Display seines Handys. »Warte. Hier, das dürfte dich interessieren: Ein römischer Legionär namens Primus stieß auf eine wundersame Heilquelle bei Bad Adelholzen. 1907 von den Barmherzigen Schwestern erworben, floriert das Geschäft mit dem heilenden Wasser noch heute. Oder, noch ein Vorschlag: Das **Franziskaner-Minoriten-Kloster Maria-Eck.**«

»Wo ist das?«

»Autobahnabfahrt Siegsdorf, ein paar Kilometer Richtung Ruhpolding, dann rechts ab. Maria-Eck ist ein Konvent,

61

dorthin finden jedes Jahr zahlreiche Wallfahrten statt. Es ist ein magischer Ort, steht hier. Daneben ist der Klostergasthof, der durchaus sehenswert sein soll.«

Die Bedienung kam an den Tisch: »Brauchen Sie noch was? Ich muss Ihnen ja ein Kompliment machen. Ihr Hund, der ist ja sowas von brav, wie er da unter dem Tisch liegt. Mit dem haben Sie bestimmt viel Freude, oder? Ich meine, Dackel sind ja normalweise ziemliche Frechdachse, oder?«

»Täuschen Sie sich mal nicht. Der hier kann ziemlich einfallsreich sein«, sagte Robert. »Allerdings läuft er erst ab Mittag zur Normalform auf. Konnten Sie mit Ihrer Kollegin sprechen?«

Unser Geheimtipp!
Das Steinzeitmuseum: ein Spaziergang durch 250 Mio. Jahre Erdgeschichte
www.museum-siegsdorf.de

»Ja, schauen Sie, ich habe einen Zettel für Sie. Das **Steinzeitmuseum** in Siegsdorf, das ist sehr informativ. Oder das **Salzbergwerk in Berchtesgaden**, das wär das Richtige an so einem Tag. Dort gibt es eine 40 Meter lange Holzrutsche, oder man kann auf einem Floß auf dem Spiegelsee fahren. Der ist 130 Meter unterhalb der Tagesoberfläche. Ich hab das vor einigen Jahren mal gemacht. Man gleitet über den unterirdischen See mitten durch glitzernde Salzkristalle. Sehr eindrucksvoll inszeniert, mit Lichtern und sphärischen Klängen. Für Ihren Hund ist das aber eher nichts, den müssten sie so lange im Auto lassen.«

»Was gibt es in dem Bergwerk noch?«

»Lassen sie mich überlegen ... Den **Magischen Salzraum**. Dort gibt es eine Multivisons-Show, die sehr schön gemacht ist. Oder Sie legen sich für eine Stunde in den **Salzheilstollen**, das ist übrigens der Einzige seiner Art in Westeuropa. Die Luftfeuchtigkeit dort unten beträgt ständig 85%, und Sie verlieren schnell das Gefühl für Raum und Zeit und gleiten in eine angenehme, tiefe Entspannung.«

»Wenn ich nur dran denke, was der Hund in der Zwischenzeit im Auto so alles anstellt, dann glaube ich das eher nicht«, sagte Robert. »Ah, da stehen noch mehr Tipps auf dem Zettel. Aber wir sollten jetzt so langsam los. Bringen Sie uns bitte die Rechnung, und danke für Ihre Mühen.«

Kurz darauf fuhren die Grammels an der Tankstelle vorbei, durch den Kreisverkehr auf die A8. Emma verdrehte den Kopf: »Oh, hinter der Tankstelle, da ist ein großes Outlet. Lauter bekannte Firmen. Sogar Lindt, da gibts meine Lieblings-Schokoladen. Und daneben sehe ich drei oder vier bekannte Bekleidungsfirmen. Da müssen wir auch mal vorbeigehen.«

»Jetzt nicht.« Robert überholte eine Kolonne von Lastwagen und klopfte mit dem Finger an die Seitenscheibe: »Schau dir den Chiemsee an. Der ist sogar bei Regen schön! Da hinten, auf der anderen Seite des Sees, lugt sogar ein bisschen blauer Himmel hervor. Es regnet auch gar nicht mehr so stark. Mein Vorschlag: Wir heben uns Traunstein für heute Nachmittag auf. Jetzt fahren wir nach Stein an der Traun, das ist gleich hinter Traunreut. Dort ist die **Höhlenburg Stein an der Traun**.«

Unser Geheimtipp!
Geheimgänge und Grusel-
geschichten in der Höhlenburg Stein an der Traun
www.steiner-burg.de

»Woher weißt du das?«

»Ein Arbeitskollege war im letzten Jahr dort. Der hat mir erzählt, dass es Führungen durch die Höhlen unter der Burg gibt. Mit Kerzen und Taschenlampen, das macht eine richtig gruselige Stimmung. Dazu noch die gespenstischen Geschichten, die der Führer erzählt, das soll sehr faszinierend sein. Man sieht die Schächte, in die der ›Wilde Heinz‹ seine Feinde hinabgestürzt hat, unterirdische Kammern und Gänge. Na, was meinst Du?«

An der Ausfahrt Grabenstätt verließen sie die Autobahn in Richtung Chieming.

Kurz nach Grabenstätt sagte Robert: »Da drüben links, da ist die Mündung der Tiroler Achen. Die ist der größte Zufluss des Chiemsees und bildet ein in Mitteleuropa einzigartiges Binnendelta. Über das Delta kann ich dir so Einiges erzählen, aber das heben wir uns für einen schönen Sonnentag auf, dann werden wir nämlich eine Erlebnisbootsfahrt machen. Der nächste Ort vor uns ist Chieming. Da gibts direkt am See ein paar fantastische Restaurants. Das **Al Dente**, zum Beispiel. Mein Kollege sagte, da kriegt man einen Sonnenuntergang zu sehen, dass man denkt, man sei in der Südsee. Was macht der Hund?«

Emma drehte sich um: »Der schläft.«

Roberts Handy, das in der Ablage unter dem Radio lag, surrte. Emma schaute auf das Display: »Der Kuhlmann. Was soll ich dem sagen?«

»Dass es regnet. Dass er bleiben soll, wo er ist. Sag ihm einfach irgendwas.«

»Hallo? Bennie? Ach du bist es, Anne. Wie gehts euch? Was? Nein, hier regnet es noch sehr heftig. Was? Nein, wir wissen auch nicht, was man an so einem Tag machen kann. Bei euch ist es sonnig und warm? Na sowas.« Emma verzog das Gesicht und lauschte: »Natürlich verstehen wir, wenn ihr noch einen Tag in Österreich bleibt. Lass uns doch später nochmal telefonieren, ja? Die Verbindung ist nicht so gut, ich kann dich kaum verstehen. Bis dann, Servus.«

»Was sagt er?«

»Dass sie noch einen Tag im Zillertal bleiben. Sie haben gestern in einem schönen Hotel zu Abend gegessen, und

64

die Lourdeskapelle

Vielleicht wird Rambo ja fromm, wenn er auf den Spuren des Papstes wandelt

Stadtmuseum Traunstein – zurückversetzt in alte Zeiten...

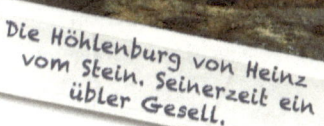

Robert hat sein Ziel gefunden

Die Höhlenburg von Heinz vom Stein. Seinerzeit ein übler Gesell.

da gibts heute Nachmittag eine Meditationsreise mit Klangschalenmusik. Da machen sie mit, und anschließend fahren sie an einen kleinen Bergsee.«

»Auch gut. Jeder Tag ohne die Kuhlmanns ist ein guter Tag. Mal schauen, was uns später so an Ausreden einfällt. Da rechts gehts ab nach Traunreut, und in ein paar Minuten müssten wir in Stein sein.«

Am Schlosstor, hinter dem **Gasthof Martini**, standen schon mehr als ein Dutzend Menschen. Manche hatten Taschenlampen in den Händen, andere hielten Kerzen, und ein paar hatten sogar Laternen dabei.

»Gibts da drinnen kein Licht?«, fragte Robert einen Mann, der eine große schwarze Taschenlampe hielt.

»Nein. Im Prospekt und drüben an der Tafel steht das doch.«

»Na super.« Robert schaute sich um: »Kann man hier irgendwo eine Lampe kaufen?«

Der Mann schüttelte den Kopf: »Hier, nehmen Sie meine. Ich bleib dicht bei meiner Frau, die hat auch eine dabei.«

Robert bedankte sich und sagte zu Emma: »Hast du den Hund gut zugedeckt?«

Während Emma nickte, stieß ein in mittelalterliche Gewänder gekleideter Mann zu der Gruppe, stampfte mit seinem Stock auf den Boden und sagte: »Ich begrüße euch, ihr wagemutigen Männer und Frauen. Bevor wir die Höhlenburg betreten, möchte ich euch auf das Schreckliche und Grauenvolle vorbereiten, das ihr gleich zu sehen bekommt. Ruhe jetzt.« Wieder drosch er mit seinem Stab auf den Boden: »Ende des 12., Anfang des 13. Jahrhunderts, so sagt man, lebte hier der wilde Ritter Heinz vom Stein. Schon sein Vater Rapato war ein ganz übler Geselle, der nur hier

66

im Höhlenschloss und im Neuschloss am Fluss was zu sagen hatte. Warum? Weil nur die beiden Schlösser bayerisch waren. Das Hochschloss drüben, das gehörte schon zu Salzburg. Aber hier, im Höhlenschloss, da ließ der fürchterliche Rapato seinen Launen freien Lauf. Man kann sagen, sein Sohn Heinz hat es von kleinauf nicht anders gekannt. Und so nahm das Unheil seinen Gang. Gut, der Ritter Heinz hat in seinem blutgetränkten Leben auch ein paar echte Heldentaten vollbracht. So führte er einen Kreuzzug des Kaisers ins Heilige Land. Oder er rettete durch sein wagemutiges Eingreifen bei einem hinterhältigen Angriff der Ungarn die Transportflösse des Kaisers, und erhielt von diesem dafür die ›Schwertleite‹. Auf der anderen Seite aber holte er sich das, was er brauchte, durch Raubzüge und Überfälle auf die Schiffe, die mit wertvoller Ware auf dem Inn unterwegs waren. Bald hatte er eine ganze Bande von Raubrittern hier auf seiner Burg um sich versammelt und führte ein raues, ausschweifendes Leben. Immer, wenn er reiche Beute machte, ließ er an der Burg was umbauen, zum Beispiel gruben ihm die Ortenburgschen Knechte einen vierzehn Klafter tiefen Brunnen, der innen sogar verputzt wurde. Dieser Schacht führte geradewegs hinab zur Traun, die hier durch den Berg floss. So ein Brunnen war damals einzigartig im Bayernland. Der wilde Heinz ließ auch unterirdische Verbindungswege zwischen den Burgen bauen, hauptsächlich deswegen, weil ihm die Salzburger eines Nachts das hölzerne Stiegenhaus in Brand gesteckt hatten. So, genug der Worte, wenn Sie mir jetzt folgen wollen?«

Er drehte sich um und ging los. Über die Schulter sagte er: »Was Sie jetzt sehen, wird Sie erschüttern. Deswegen rate ich Ihnen, im Anschluss eine *Bierverkostung* mitzumachen. Das Bier ›Heinz vom Stein‹ wird heute noch nach traditionellen Vorgaben hergestellt. Es lagert in den unterirdischen Kavernen und schmeckt deshalb heute noch genauso gut wie vor vielen hundert Jahren.«

»Darf ich Sie nach der Führung auf ein wildes Bier einladen?«, fragte Robert den Mann, der ihm seine Taschenlampe geliehen hatte.

Der nickte lächelnd, und Emma raunte in Roberts Ohr: »Heute bitte keine Alkoholabstürze, ja? Du bist noch ganz blass um die Nase wegen gestern.«

Und so gingen sie zur Felswand, sahen den **Hungerturm**, und etwas später im Schloss den **Kerker mit Falldeckel**. Niemand weiß, wie viele unliebsame Feinde in diesem Schacht versenkt wurden. Über dunkle und feuchte Felsgänge marschierten sie durch die **Folterkammer**, die **Wohnräume** und bestaunten den **Trinkbrunnen** sowie die **Höhlenküche**. Einige der Räume waren raffiniert illuminiert, in anderen brauchte man Lampen und Kerzen.

Sie sahen den langen **Wehrgang**, bestaunten den **Tanz-** und den **Rittersaal**, und sogar einen **Gerichtssaal** hatten die späteren Ritter von Toerring-Seefeld.

In einem langen, muffigen Gang hob der Führer nach ungefähr einer Stunde seine Stange: »Liebe Leute, wir kommen nun zum Ende unserer Besichtigung. Ich hoffe, es hat Ihnen gefallen. Lassen Sie mich noch sagen, dass es in ganz Europa keine so gut erhaltene Höhlenburg wie diese hier gibt. Genießen Sie jetzt ein untergäriges Zwickelbier, und beruhigen Sie damit Ihre aufgewühlten Nerven.«

Später, im Auto: Emma streichelte den Dackel, der es sich auf ihrem Schoß bequem gemacht hatte. Robert fummelte auf der Suche nach einem bestimmten Sender am Radio herum. Musikfetzen erklangen, eine Stimme schrie irgendwas in englischer Sprache, dann hörte man kurz eine Kirchenorgel, dann Werbung, und Robert seufzte: »Warum krieg ich hier Bayern 5 nicht rein?«

Eine angenehm tiefe Stimme mit österreichischem Akzent war plötzlich aus den Lautsprechern zu hören: » ...haben wir in Kufstein nicht nur die größte Freiluftorgel der Welt, sondern auch das Naturjuwel Kaisertal und den Kraftplatz Tischofer Höhe, außerdem das größte Gin-Museum der Welt.«

Kraftort

Emma beugte sich vor und drehte den Ton leiser: »Na, das wär doch was für dich, oder? Das größte Gin-Museum der Welt. Übrigens, hat dir dein Bier vorhin nicht geschmeckt?«

»Kein Bier der Welt schmeckt, wenn einem die Ehefrau beim Trinken aufs Glas stiert. Da vergeht dir die Lust am Schlucken. Ich hab eh nur was getrunken, weil ich das dem Mann mit der Taschenlampe versprochen hatte. Ja, glaubst du vielleicht, ich trinke gerne?«

»Armer Schatz, natürlich nicht. Ich hab Hunger und mach dir einen Vorschlag: Du fährst uns jetzt zur nächsten Sehenswürdigkeit. Du weißt ja, was ich mag. Kirchen, Klöster, Museen, sowas in der Art. Und wenn du was Schönes findest, dann hast du dir ein großes Bier zum Mittagessen verdient, ok?«

»Halt mal das Lenkrad, die Straße ist hier kerzengerade, da kann nichts passieren.«

Robert schnappte sich sein Handy und begann, auf dem Display herumzutippen: »Sehr gut, hab ich es doch gewusst. Wir sind in einer Minute da.«

»Wo?«

»Da oben auf dem Hügel. Siehst du es nicht? **Kloster Baumburg**. Ein ehemaliges Augustiner-Chorherren-Kloster. Die Klosterkirche St. Margarethen ist eines der grandiosesten barocken Gotteshäuser der Region. Hier steht, man findet auch Rokoko mit filigranen Stuckierungen und

Fresken. Na, was meinst du? Das Kirchenschiff solltest du unbedingt bestaunen.«

»Ich, warum ich? Kommst du nicht mit?«

»In so ein Gotteshaus darf man keine Hunde mit reinbringen. Und der arme Rambo war doch jetzt schon ein paar Stunden allein im Auto. Nein, du gehst in die Kirche, und ich besuche zusammen mit dem Hund eine andere Sehenswürdigkeit, und dort treffen wir uns in einer Stunde oder so, wie findest du das?«

Emma lächelte ihren Robert an: »Manchmal hast du richtig gute Einfälle. Wo sehen wir uns später?«

»In einem ebenfalls historischen Gebäude ganz in der Nähe der Kirche, das 1612 seiner Bestimmung übergeben wurde. Durch das gesamte Klostergelände verläuft übrigens der 48. Breitengrad, das könnte den Rambo interessieren. Bestimmt hat der noch nie an einem Breitengrad geschnuppert.«

»Toll. Und was ist das für ein Gebäude, in dem wir uns treffen? Ein Museum?«

»Äh, ja. Sowas Ähnliches. Eher sowas wie eine kulturelle Braustätte. Wir gehen ins historische *Bräustüberl* der *Klosterbrauerei Baumburg*. Schau nicht so. Deren Biere sind weltberühmt, sowas muss man doch probieren, wenn man schon hier ist, oder? Ich verspreche dir, dass ich dafür morgen keinen einzigen Schluck eines alkoholhaltigen Getränkes zu mir nehmen werde. Und übrigens, indem ich jetzt gleich ein oder zwei Biere trinke, tu ich was für die Wiederansiedlung der Alzäsche. Durch diverse Flussbegradigungen und Uferverbauungen sind seit einigen Jahren die

70

natürlichen Laichplätze der Äsche weggefallen. Und die Klosterbrauerei Baumburg hat sich zum Ziel gesetzt, diesen Fisch hier wieder heimisch zu machen. Ich arbeite heute aktiv an der Regenerierung der Umwelt mit, wenn man so will. Also, bis gleich.«

Emma traf ihren Robert eine gute Stunde später im Bräustüberl, wo er in ein lebhaftes Gespräch mit einem bärtigen Mann in einem grünen Trachtenanzug vertieft war. Die beiden prosteten sich mit ihren halbvollen Gläsern zu und leerten sie in einem Zug. Der Kerl in der Tracht hob sein Glas über den Kopf und rief: »Anni, bring gleich noch zwei!«

Emma stapfte an den Tisch, beugte sich über Robert und schaute auf seinen Bierdeckel. Drei Striche.

»Würdest du bitte mitkommen, solange du noch geradeaus gehen kannst? Mit Autofahren wird ja wohl heute nichts mehr bei dir.«

Der Trachtler grinste: »Deine Frau? Mann, bin ich froh, dass ich nicht mehr verheiratet bin.«

»Das sieht Ihre Exfrau bestimmt genauso«, sagte Emma spitz und nahm Robert die Hundeleine aus der Hand: »Wir bezahlen an der Theke. Ihnen noch einen schönen Tag.«

Robert winkte seinem Gegenüber zu: »Machs gut, Sepp. Ich muss dann mal wieder. Und danke für die guten Tipps.«

»Was für gute Tipps?«, fragte Emma draußen, »Wie man schneller mehr trinken kann?«

»Jetzt sei nicht so. Nein, der Sepp hat mir geraten, **Schloss Pertenstein** zu besuchen. Das ist ein Wasserschloss, ein paar Kilometer südlich von Traunreut, idyllisch am Ufer der Traun zwischen Matzing und Traunwalchen, sagte er. Ein echter Geheimtipp. Aber wenn ich ehrlich sein soll, bin ich ein bisschen müde. Wie wärs, wenn wir heimfahren, uns eine Stunde oder so aufs Ohr legen, und heute Abend lade ich dich schön zum Essen ein? Auch dafür hab ich einen entsprechenden Tipp bekommen.«

»Von deinem neuen Kumpel, ja?«

»Genau. Der Sepp ist bei den Traunsteiner Jagdhornbläsern und kommt viel rum. Pass auf: Wir essen heute Abend

4. TAG im **Badehaus in Felden**.« *Essen*

»Badehaus? Ist das ein Schwimmbad oder was?«

»Nein, das ist ein Restaurant in Bernau/Felden, und zwar direkt am Seeufer. Die haben einen gläsernen Pavillion, von da aus hat man einen sagenhaften Blick über den See. Voll romantisch, und keine fünf Minuten von unserem Feriendomizil weg. Na, was meinst Du?«

»Wenn uns da der Bennie Kuhlmann mal nicht dazwischenspuckt. Die Kuhlmanns kommen doch, oder?«

»Tun sie nicht. Er hat mich vor einer halben Stunde angerufen. Ich hab ihm erzählt, dass es hier immer noch ziemlich bedeckt ist, und ihm geraten, mit seiner Schnecke in Kufstein Station zu machen. Ich hab ihm auch gleich ein paar exklusive Insidertipps gegeben. Die Kuhlmanns sind begeistert, schon auf dem Weg dorthin und werden da auch übernachten. Auch wegen dem Auracher Löchl, das hat er mal im Fernsehen gesehen, und da wollten die beiden schon immer mal hin.«

»Robert, du warst noch nie in deinem ganzen Leben in Kufstein, wie kannst du da Tipps und Ratschläge geben?«

»Das stimmt zwar, aber ich habe dem alten Bennie genau das erzählt, was ich vor ein paar Stunden zusammen mit dir im Autoradio gehört habe. Und das klang doch gut, oder?«

Emma lachte: »Alter Gauner. Hier, nimm den Hund und gib mir die Autoschlüssel. Ich fahre.«

Was denn, wo denn, wie noch mal?

Seite 60 Augenkapelle in Empfing
www.traunstein.de/Tourismus/Wanderwege.aspx

Seite 60 Lourdes Kapelle www.chiemgauseiten.de/chiemgau/
traunstein/die-lourdes-kapelle

Seite 60 Stadt- und Spielzeugmuseum
www.traunstein.de/Tourismus/MuseeninTraunstein.aspx

Seite 60 Städtische Galerie
Tel.: +49 (0)8664 1328 • www.kunstverein-traunstein.de

Seite 61 Kloster Maria Eck
Tel.: +49 (0)8662 9396 • www.maria-eck.de

Seite 62 Steinzeitmuseum Siegsdorf
Tel.: +49 (0)8662 13316 • www.museum-siegsdorf.de

Seite 62 Salzbergwerk Berchtesgaden
Tel.: +49 (0)8652 60020 • www.salzbergwerk.de/de

Seite 63 Höhlenburg Stein an der Traun
Tel.: +49 (0)8621 5984 • www.steiner-burg.de

Seite 64 Restaurant Al Dente
Tel.: +49 (0)8664 985927 • www.aldente-chieming.de

Seite 67 Bierverkostung Brauerei Stein
Tel.: +49 (0)8621 98320 • www.steiner-bier.de

Seite 69 Kloster Baumburg
Tel.: +49 (0)8621 98260 • www.baumburger.de

Seite 70 Bräustüberl Baumburg
Tel.: +49 (0)8621 5155 • www.bräustüberlbaumburg.de

Seite 71 Schloss Pertenstein
Tel.: +49 (0)8669 6500 • www.schloss-pertenstein.de

Seite 72 Badehaus in Felden
Tel.: +49 (0)8051 970300 • www.badehaus-chiemsee.de

4.
TAG

Der schnelle Weg zu allen Links:
www.chiemgauerverlagshaus.de

Klettern und Segeln?
Aber sicher!

»Die Sonne scheint, der Himmel ist blau wie ein Saphir und es ist keine Wolke in Sicht. An so einem Tag werden Götter gezeugt.« Robert lehnte an der Tür des Ferienhauses, reckte sich und schaute auf den See hinunter. Emma stand drinnen am Herd: »Dazu haben wir jetzt aber keine Zeit. Fahr zum Café Obermaier runter und hol Brezen und Semmeln. Nimm am besten gleich ein paar mehr mit, dann mach ich uns was für mittags fertig. Wir wollen doch heute auf den Berg, oder?«

Robert atmete mit geschlossenen Augen tief ein, in dem Moment hörte er von hinten die laute Stimme der Vermieterin: »Nein, das geht so nicht. Hallo!«

Er riss die Augen auf und schaute ins Haus: »Wo ist der Hund?«

»Hier, unter dem Tisch. Warum?«

»Ach, nur so.«

Fannys Stimme ertönte wieder: »Sie brauchen hier gar nicht stehen zu bleiben, wir kaufen nichts an der Haustür.« Pause, dann wieder Fanny: »Was? Zu wem wollen Sie? Ach so, entschuldigen Sie. Ich hab nur gedacht, weil Sie so ein komisches Auto haben. Da kommt immer einer, der will uns Speck und Kartoffeln verkaufen, der fährt auch so ein, äh, Dings wie Sie. Die Familie Grammel finden Sie vorne in dem Holzhaus bei den Obstbäumen. Und natürlich können Sie Ihr, äh, Auto hier stehenlassen. Nichts für ungut, ja?«

Robert steckte den Kopf um die Ecke und erstarrte. Vor dem Bauernhof stand das froschgrüne, hässliche

Wohnmobil der Kuhlmanns. Emma trat vor die Tür: »Was ist denn? Warum regt sich die Fanny so auf?«

»Die Kuhlmanns sind soeben angerollt. Schade, das hätte so ein ruhiger Tag werden können.«

Bennie Kuhlmann sprang aus dem Führerhaus, dehnte den Rücken und sagte durch das offene Fenster: »Na los, Anne, komm raus, wir wollen Robert und Emma verblüffen. Und bring die Flasche und die Tüte mit den Brötchen mit. Die werden Augen machen!«

Robert und Emma kamen um die Ecke, und Robert sagte: »Ja, so eine nette Überraschung. Ich wollte dich gerade anrufen, aber das ist ja schön, dass ihr hier seid. Wie habt ihr uns gefunden?«

Bennie grinste: »Wie das Leben so spielt. Wir wollten in Bernau in dem Café gegenüber der Tankstelle frühstücken, kommen mit der Bedienung an der Theke ins Gespräch und erzählen, dass wir Freunde überrumpeln wollen, aber nur so ungefähr wissen, wo die wohnen. Wir haben auch euren Rambo erwähnt, und da hat die nette Frau sofort gewusst, wen wir meinen. Und sie sagte uns, wir sollen hier auf den Hügel fahren, vor einem der drei Bauernhöfe steht ein Ferienhaus, und siehe da, sie hat Recht gehabt. Hier!«

Er wedelte mit der Papiertüte: »Da, ich hab Semmeln, Brezen und Hörnchen. Die tauschen wir gegen ein paar Tassen Kaffee, wie schauts aus?«

Etwas später, am Tisch vor dem Haus, sagte Bennie Kuhl-mann mit vollem Mund: »Da habt ihr aber einen einzigartigen Blick von hier oben. Über den ganzen See, mein lieber Mann. Sind auch schon ganz schön viele Boote draußen. Ist ja auch ideales Segelwetter heute.«

»Vom Segeln hab ich keinen Schimmer«, sagte Robert, »wir werden uns wohl im Lauf der nächsten Tage ein **Elektroboot mieten** und damit ein bisschen herumschippern.«

»Was?«, tönte Kuhlmann, »kommt gar nicht in Frage. Jetzt ist ja der Skipper hier. So ein Segelboot wie die Dinger, die ich von hier aus sehe, steuere ich mit verbundenen Augen über den See und zurück. Mein zweiter Vorname ist Käptn Cool. Von Kuhlmann, verstehste?«

»Du hast Ahnung vom Segeln? Davon hast du mir nie erzählt«, sagte Anne zu ihrem Mann. Der grinste: »Ach Frau, es gibt viele Dinge, die du von mir nicht weißt. Ich will ja nicht angeben, aber ich habe bei rauer See schon mehr Kerle aus dem Wasser gefischt als überhaupt reingefallen sind. Wenns ungemütlich auf See wurde, waren alle froh, wenn Käptn Cool in der Nähe war. Aber lass uns über was anderes reden.« Bennie holte eine Flasche Gin aus seiner sackähnlichen Jacke: »Hier, hab ich dir aus Kufstein mitgebracht. Der Tipp mit dem Gin-Museum war goldrichtig. Wollen wir nach dem Frühstück mal präventiv einen Schluck nehmen?«

»Robert trinkt keine harten Sachen mehr«, sagte Emma.

»Seit wann das denn?« Bennie schaute Robert verwundert an.

»Seit eben gerade«, meinte Emma und gab Robert einen liebevollen Klaps auf die Wange. »Er ist ja so vernünftig geworden, der Robert.«

Rambo setzte sich vor Bennie Kuhlmann und knurrte ihn an.

»Ah, der kleine Kerl hat mich nicht vergessen, wie ich sehe, und er liebt mich immer noch.« Kuhlmann streckte die Hand unter den Tisch, um Rambo zu streicheln, aber der schnappte nach ihm.

»Lass gut sein«, sagte Kuhlmann, »ich hab jetzt keine Zeit zum Spielen, kleiner Mann.« Dann schaute er hinter sich: »Wie heißt dieser Berg mit den Zacken?«

»Das ist die **Kampenwand**. Man kann von Aschau aus in einer Gondel hochfahren. Oben, auf dem Berg, gibt es eines der weitläufigsten und abwechslungsreichsten Wanderwegenetze in den bayerischen Alpen. Der fast ebene Panoramaweg soll einen sensationellen Blick auf den Chiemsee haben, und vom Gipfel aus auf die Zentralalpen mit den hohen Tauern, dem Großglockner, dem Großvenediger, dem wilden Kaiser und so weiter.«

»Aha.« Kuhlmann starrte den Berg an: »Wie hoch?«

»An der Bergstation 1.467 Meter über Normal.«

5.
TAG

»Woher weißt du das so genau? Wart ihr schon oben?«

»Nein, aber das hatten wir für heute geplant. Unsere Vermieterin hat uns mit den Infos versorgt. Kommt ihr mit?«

Kuhlmann schnaubte: »Auf den Hügel? Und dann auch noch mit der Gondel? Vergiss es. Das Bergsteigen, das ich meine, das ist der Kampf gegen den Fels. Der oder ich. Schon als Kind war ich mit meinen Eltern in den Bergen. Damals bin ich die Felswände so schnell hochgekrabbelt, dass mich mein Vater an eine lange Leine gelegt hat, um mich nicht zu verlieren.«

»Ehrlich? Wo war denn das? In der Schweiz, in Österreich?« Emma schaute Bennie Kuhlmann zweifelnd an.

»Nein, meine Dame. Das war im Harz.« Und zu Robert: »Du brauchst jetzt nicht so blöd zu grinsen. Der Brocken im Harz kann eine ganz schöne Herausforderung sein. Da gibt es Kletterwege, da traut sich kein Amateur hin. Ich fange dort zu klettern an, wo jede Gemse verzweifelt aufgibt. Jawoll, mein Herr.« Bennie stopfte sich eine halbe Breze in den Mund, kaute zweimal und mümmelte: »Das ist natürlich alles schon eine Zeit her. Aber, wenn ich mich ein bisschen locker und fit mache, dann gehe ich jede Felswand hoch.«

Emma schnippte mit den Fingern: »Da hätte ich doch schon eine passende Idee für heute Vormittag.« Sie schaute Robert an: »Lass uns doch in den **Kletterwald in Prien** gehen. Da kann sich Bennie auf den schwierigen Parcours warmturnen, und wir kraxeln diese Panoramatour mit Seeblick, von der du mir erzählt hast.«

»Kletterwald?« Bei Kuhlmann, der nach wie vor mit vollem Mund sprach, klang das wie ›Gleddrwld‹. Er schluckte mühsam und sagte: »Das ist doch was für Kinder. Steigt man da auf Bäume, oder was? Also, ich mach solchen Pipskram auf keinen Fall mit. Das ist was für Zwerge.«

»Mein Mann sieht viele Dinge im Leben etwas postfaktisch, so ist er halt.«

»Was heißt das, postfaktisch?« Emma schaute Anne an. Die griff sich die Kaffekanne und schenkte allen nach: »Das heißt, dass mein Käptn Cool manchmal ein etwas verändertes Realitäts- oder Wahrheitsempfinden hat. Er denkt ja auch, das Gras wächst schneller, wenn man daran zieht.«

»Papperlapapp, wenn ihr unbedingt wollt, dann gehen wir eben in diesen merkwürdigen Kletterwald. Aber nachmittags wird gesegelt. Ich hab mir da schon im Internet einen Verleiher rausgesucht, der hat gute Boote. Und einen außergewöhnlichen Namen. Den rufe ich jetzt gleich mal an.«

Kuhlmann fischte sein Handy aus der Hosentasche, suchte in seinem Blouson nach einem Zettel und strich ihn auf dem Tisch glatt.

»Wie heißt der denn, wenn du den Namen so außergewöhnlich findest? Vielleicht Schluckspecht?«

Aber Kuhlmann hatte die Nummer schon eingetippt, hielt das Telefon ans Ohr und seiner Frau den Zeigefinger vor das Gesicht. Dann neigte er den Kopf: »Ja hallo?

78

Bootsverleih Grünäugl? Sehr gut. Kuhlmann hier. Ich hab auf Ihrer Website gesehen, dass Sie eine Comet im Verleih haben. Ja, schön. Kann ich die heute Nachmittag haben, so ab zwei Uhr? Was? Das Wetter wird gegen Fünf schlechter? Guter Mann, mit Wetter kenne ich mich aus, das passt schon. Wie? Ja, ich weiß, wo Sie sind. In Gstadt. Also, dann bis später.«

Kuhlmann steckte sein Handy wieder weg: »Hiermit lade ich euch offiziell zu einem unvergesslichen Segeltörn auf dem Chiemsee ein.«

Später, im Kletterwald Prien: »Waren sie schon einmal bei uns?«, fragte der Mann an der Kasse.

Grammel schüttelte den Kopf.

»Gut. Wir haben hier Kletterspaß in einer Höhe von 1-14 Metern. Auf 13 Parcours mit mehr als 110 spannenden Übungen könnt ihr euch auspowern. Die Eintrittskarten gelten drei Stunden. Gleich da hinten wartet unser Instrukteur Manu auf euch. Lasst euch von ihm einen schönen Parcour vorschlagen. Er gibt euch auch die Helme und die Klettergurte. Viel Spaß.«

Kuhlmann winkte: »Mir nach, ich mach das schon.«

Der Instrukteur begrüßte sie, nahm einen der Haltegurte und kniete vor Kuhlmann nieder: »So, da steigen Sie jetzt zuerst mit dem rechten Fuß rein, dann kommt der andere. Sehr gut. Jetzt die zwei Gurte über die Schultern und dann vorne einklinken. Gut, und jetzt die Karabinerhaken, die werden oben in die Seile eingehakt. Erst den einen, dann festhalten, dann mit der anderen Hand den zweiten Haken, ok? Wollen wir zum Einweisungsparcour gehen?«

Kuhlmann verdrehte die Augen und grinste: »Ist ja gut. Wir nehmen uns gleich den Panoramaweg vor.«

»Wie Sie wollen. Der ist da vorne. Aber Vorsicht, da sind Sie fast 15 Meter über dem Erdboden. Also Fuß vor Fuß,

79

eingehakt bleiben und immer schön aufpassen. Ich schaue von unten ein bisschen auf Sie. Hat jemand von euch Höhenangst?«

Kuhlmann winkte ab und stapfte los. Die anderen legten sich die Geschirre an und folgten ihm. Vor dem Aufstieg blieb er stehen: »Frauen und Kinder zuerst. Ich geh als Letzter, da hab ich euch im Blick, falls was sein sollte.«

Vorsichtig kletterten sie den Baum hoch und betraten den Klettersteg. Etwas wackelig, aber sicher überquerten sie die Bretter, die mit dicken Seilen verbunden waren. Nach ein paar Minuten blieben sie stehen und bestaunten den Blick zwischen den Baumkronen auf den Chiemsee. Emma drehte sich zu Bennie Kuhlmann um: »Ist das nicht eindrucksvoll?« Dann sah sie, dass er die Augen fest zusammenkniff und sich krampfhaft am Sicherungsseil festhielt: »Können wir das bitte hinter uns bringen und uns da unten weiter unterhalten?«

»Was ist denn, Bennie?«

»Ich habe wohl Probleme mit der Höhe. Hatte ich früher nie, das ist wahrscheinlich altersbedingt oder der Luftdruck oder sowas.«

Robert beugte sich vor, um Kuhlmann besser sehen zu können, dabei wankte der Steg.

Bennie wimmerte: »Hört mit der Wackelei auf, mir wird schlecht. Ich will runter. Auf der Stelle.«

Anne grinste und bedeutete Robert, weiterzugehen. Vorsichtig legten sie den Weg bis zum nächsten Abstieg zurück. Bennie sagte: »Ich geh hier runter. Ihr könnt ja noch ein bisschen hier rumturnen, mir ist das zu kindisch.«

Sie schauten ihm nach, wie er nach unten verschwand und gingen weiter.

Nach etwa zwei Stunden trafen sie Bennie am Ausgang wieder. Er wirkte ungeduldig und wedelte mit der Hand:

der Kletterwald: nix für Rambo, und für Emma schon gar nicht

Besser als unsere Currywurst!

Wie ein Gemälde von Caspar David Friedrich

Der Chiemsee zeigt sich hier von seiner besten Seite

»Wo bleibt ihr denn? Ich hab mir eine erstklassige Fisch-wirtschaft am See empfehlen lassen. Während ihr euch amüsiert, arbeite ich ja hart daran, dass wir einen schönen Urlaub haben. Tisch für vier Personen, direkt am Wasser, alles von mir klargemacht.«

»Ist ja gut. Wohin fahren wir?«

»Nicht weit. Ich hab es auf mei-nem Handy-Navi: Fischer Ihm, der »*Winklfischer*«, am Forellenweg 28 in Prien.«

Und es war wirklich ein traum-haft schöner Ort. Vor dem Holz-haus auf der Kiesfläche standen ein hal-bes Dutzend blaue Tische, und es war urig und gemütlich. Die Kuhlmanns aßen leckeren Steckerlfisch vom Holzkoh-legrill, und die beiden Grammels hatten sich für hausge-machte Fischsülze mit Bratkartoffeln und eine Räucher-fischplatte entschieden. Dazu ein süffiges Bier und einen leichten Weißwein für die Damen. Was für ein Tag!

Die Wirtin kam an den Tisch, um zu fragen, ob alles zur Zufriedenheit sei, und Bennie sagte: »Was esse ich denn da? Ist das eine Forelle?«

»Nein, das ist ein Seesaibling. Es gibt aber auch Seefo-rellen. Wir fischen überwiegend Renke, Rotauge, Hecht, Seerüssling und Flussbarsch, und ab und zu einen Zan-der oder eine Brachse. Der Flussbarsch, der heißt bei uns Schraz und ist eine Delikatesse. Haben Sie den schon probiert?«

»Nein. Das klingt alles sehr aufregend, gute Frau. Brin-gen Sie uns bitte noch zwei Biere.« Dann, als die Wirtin wieder in der Hütte war, drehte er sich zu Robert und den beiden Frauen: »Das da vorhin im Kletterwald, das dürft ihr jetzt nicht falsch verstehen«, sagte er, »das war kein

Unser Geheimtipp!
Einheimische
Fischspezialitäten
beim Winklfischer
Tel.: +49 (0)8051 64317

Schwächeanfall oder sowas. Ich bin nur im Kopf schon voll bei unserer Segeltour und war vielleicht etwas überkonzentriert. Das ist ein Problem, das ein verantwortungsvoller Skipper hat. Es muss alles passen, vor allem die Sicherheit der Gäste, die vom Segeln keine Ahnung haben. Aber dafür habt ihr ja mich. Wie sagte schon der Guido, der Herr hab ihn selig? ›Auf jedem Schiff, das dampft und segelt, gibts einen, der das Ganze regelt.‹ Prost.«

Am Himmel zeigten sich die ersten Wolken. Ein paar schoben sich vor die Sonne. Kuhlmann hielt sich die Hand vor die Stirn und blinzelte nach oben: »Jetzt fällt mir der Name für diese Wolken nicht ein, aber die sind harmlos. Von wegen Wetterumschwung. Das kenn ich alles. Wir waren ja vor ein paar Jahren schon mal hier.«

»Hier? Wo hier?« Anne schaute ihren Mann erstaunt an.

»Schon vergessen? Vor drei Jahren, da waren wir auf dem **Samerberg**, in den **Chiemgau Thermen**, im Golfclub Höslwang, im **Automobilmuseum in Amerang** und so weiter und so fort.«

»Ja, aber das ist doch alles nicht direkt hier, oder?«

Bennie schob sich den Zeigefinger in den Mund und streckte ihn hoch über den Kopf: »Papperlapapp, das darf man alles nicht so eng sehen. Genauso wie das mit dem Wind. Gut, das gibt vielleicht ein bisschen Leichtwind. Der Bootsverleiher hat natürlich maßlos übertrieben mit seinem Sturm-Gerede. Aber so sind die eben, diese Leute, immer übervorsichtig. Was auf einem See so alles passieren kann, das weiß ich selber, das braucht mir keiner zu erzählen. Ich kenne mich aus, selbst wenn es nicht so aussieht. Auch stille Wasser sind nass.«

Er hatte den Finger immer noch über dem Kopf erhoben, als die Wirtin mit den beiden Bieren kam: »Warum winken sie denn? Wollen Sie jetzt schon zahlen? Trinken Sie doch erst Ihr Bier in Ruhe.«

»Mein Mann ist sich nie so ganz sicher, ob wir im Moment Urlaub machen oder auf der Flucht sind«, sagte Anne, »natürlich bleiben wir noch ein bisschen. Es ist ja so reizend bei Ihnen. Und das Essen war sehr gut.«

5. TAG

In Gstadt stellten sie den alten Passat auf dem großen Parkplatz am Ortseingang ab. Robert nahm den Rambo an die Leine und Emma fragte: »Soll ich die Windjacken mitnehmen?«

Bennie lachte: »Wozu denn? Wir haben herrliches warmes Wetter, und das wird auch bis zum Abend so bleiben.«

Unten am Wasser, beim Stand des Bootsverleihers, schaute sich Bennie fachmännisch um: »Gehört Ihnen auch das **_Gästehaus Grünäugl_**?«

»Ja«, sagte der Verleiher, »und das da vorne am Steg ist die Comet. Sie kennen sich damit aus?«

»Haha«, tönte Robert, »ich sehe eine Comet 800, Baujahr irgendwann zwischen 83 und 90, denke ich mal. Länge 8 Meter, Tiefgang 1,50, 4 Schlafkojen unter Deck. Noch was?«

»Waren Sie schon mal mit so einer unterwegs?«

»Äh, nein, in letzter Zeit nicht. Aber das Segeln verlernt man ja ebensowenig wie das Radfahren, oder? Lassen Sie mal, guter Mann, das passt schon. Jetzt ist es halb Drei, in drei Stunden sind wir wieder da.«

»Für später ist ein Wetterumschwung gemeldet. Passen Sie auf, wenn der Wind aus Westen auffrischt, dann wirds ungemütlich auf dem See.«

»Jaja. Geht die Sonne auf im Westen, musste deinen Kompass testen.« Robert drehte sich zu den anderen herum: »Auf gehts, Freunde der christlichen Seefahrt, immer dem Skipper nach.«

Bei einer leichten Brise segelten sie in dem schneeweißen Boot auf den See hinaus. Emma brachte den Hund unter Deck, und Bennie, der an der Steuerpinne saß, rief ihr nach: »Wie nennt man einen dreckigen Hund an Bord? Meerschweinchen! Haha!«

Die Wasseroberfläche des Sees glitzerte in der Sonne wie mit Tausenden von Diamanten überzogen. Robert, der auf der Steuerbordseite saß, rief: »Bennie, da kommt ein Boot auf uns zugesegelt, das ist ziemlich schnell.«

5. TAG

»Ja und? Hier auf dem See gelten Regeln, genau wie im Straßenverkehr. Rechts vor links. Da haben sich alle dran zu halten. Auch die.«

Das andere Boot, in dem drei Männer waren, kam auf direktem Kollisionskurs auf sie zu. Der Skipper schrie irgendwas, das Robert aber nicht verstand. Der Wind hatte urplötzlich böig aufgefrischt, und Bennie bekam einen roten Kopf, hielt aber stur seinen Kurs. Das andere Boot kam immer näher, und Robert und die Frauen fixierten Bennie. »Tu doch was«, rief Anne, und Bennie fauchte: »Ich? Warum denn? Der muss ausweichen, ob er will oder nicht. Ich denke ja gar nicht dran, hier neue Regeln einzuführen.«

Kurz vor dem Crash riss der andere Skipper das Ruder seiner Yacht herum, das Schiff glitt gefährlich nahe an der Comet vorbei, und die drei Männer auf dem Boot brüllten Beschimpfungen zu ihnen herüber, von denen der Satz: »Wenn du nicht weißt, was Vorfahrt und Steuerbord und Backbord ist, dann bleib doch daheim in der Badewanne, du Depp!« noch der harmloseste war. Eines war somit allen an Bord schlagartig klar, auf dem See gelten keineswegs die gleichen Vorfahrtsregeln wie im Straßenverkehr.

Die Comet hatte unter dem böigen Wind gut Fahrt aufgenommen, Wellen hatten sich gebildet, und das Schiff glitt mit Druck in den Segeln über den See.

»Hinter uns steuert eins von den Ausflugsschiffen in unsere Richtung. Sieht so aus, als wären wir dem im Weg.« Robert zeigte auf den Dampfer, und Bennie drehte sich um: »Der kann besser ausweichen als wir, das wird der auch machen.«

»Warum hat der da vorne eine rote Flagge?«, fragte Emma, und Bennie grinste: »Das heißt, dass der auf dem Heimweg ist, glaube ich.«

Das Signalhorn des Schiffes ertönte, und Bennie winkte nach hinten: »Das ist die Höflichkeit unter Seeleuten, man grüßt sich. Ist das nicht schön?«

Das Signalhorn erklang noch mehrmals in schneller Folge, dann rauschte der Dampfer ziemlich nahe an ihnen vorbei. Die Comet schaukelte wild in den Bugwellen des Linienschiffes, und Emma klagte: »Mir wird gleich schlecht, und dem Hund auch.«

Bennie versuchte, das Segelboot quer in die Wellen zu steuern.

Schweiß rann ihm über das Gesicht: »Ist doch alles kein Problem. Ich habe alles im Griff. Scheint die Sonne auf Kiel und Schwert, macht der Segler was verkehrt. Haha!« Sein Lachen klang gehetzt, und er schaute verängstigt über die Schulter.

»Wann hat dein Mann eigentlich den Segelschein gemacht?«, fragte Emma, und Anne, die sich an der Reling festhielt, erwiderte: »Keine Ahnung, aber so langsam kriege ich selber auch Angst. Schau mal, wie sich das Wetter verändert hat. Man sieht die Sonne nicht mehr, und es

86

wird richtig stürmisch. Bennie, kehr um, das macht keinen Spaß mehr. Wo sind wir überhaupt?«

»Das da vorne müsste Seebruck sein. Oder Chieming, ich weiß nicht so genau.« Er wischte sich ein paar Regentropfen aus dem Gesicht: »Das fehlt mir grade noch, dass es zu regnen anfängt.«

Robert und die Frauen gingen unter Deck. Das Schiff bekam aufgrund des zunehmenden Windes Schieflage und wurde immer schneller. Robert erkundigte sich von unten: »Wo sind die Schwimmwesten?« und Bennie brüllte zurück: »Keine Ahnung, such sie einfach, ich hab zu tun.«

Emma quengelte: »Mir ist schlecht, und der Hund würgt auch schon rum.«

Robert hatte mittlerweile die Schwimmwesten gefunden, half den beiden Frauen beim Anziehen, streifte selber eine über und brachte dann eine Weste zu Bennie an Deck: »Hier, zieh die an, man weiß ja nie!«

Bennie griff nach der Weste und ließ dabei die Steuerpinne los. Das Boot drehte sich selbständig in den starken Wind, die beiden Segel knatterten und schlugen im Sturm, Robert sprang wieder in Richtung der Kajüte. Der Großbaum schwang herum, und Robert konnte sich in letzter Sekunde wegducken, so dass der ihn nur am Hinterkopf streifte. Für Sekunden tanzten Sterne vor seinen Augen. Die Frauen in der Kabine schrien auf, und der Hund bellte.

Der Regen wurde heftiger. Bennie, der weiß im Gesicht war, zog wie wild an der Schot. Das Boot bekam mit einem Schlag Wind von der anderen Seite und kam in Sekundenschnelle in eine extreme Schieflage. Die Frauen und Robert schrien durcheinander, und Bennie rutschte weg, hing plötzlich mit dem Hinterteil im Wasser und klammerte sich panisch an die Reling.

Robert kam an Deck, hielt sich mit einer Hand fest und riss mit der anderen an der Schot des Vorsegels. Die Schot sprang aus der Klemme, das Schiff drehte sich wieder in den Wind, und die Segel schlugen wild knallend im heftigen Regen.

Emma schaute aus der Kajüte: »Warum blinken am Ufer orange Lichter? Die wechseln ziemlich schnell. Was hat das zu bedeuten?«

5. TAG

Bennie starrte auf die Wellenkämme, die an den Rändern weiß wurden und schrie: »Das ist die Sturmwarnung.« Er blinzelte durch den Regen zu den schwarzen Wolken hoch und starrte dann in die Richtung, aus der sie gekommen waren: »Da kommt ein Boot auf uns zugefahren!«

»Wo?« Robert klammerte sich an den Aufgang.

»Da hinten.« Bennie zeigte auf ein kleines, feuerrotes Motorschalenboot, das sich mit hoher Geschwindigkeit durch die Wellen kämpfte. In dem Boot saßen zwei Männer. Schnell kam es längsseits, der jüngere der beiden sprang an Bord der Comet und brüllte Bennie an: »Ja, was bist denn du für ein komischer Süßwassermatrose? Geh besser nach unten, da bist Du in Sicherheit. Und du bitte auch.« Damit zeigte er auf Robert.

Sie verschwanden unter Deck, und der Mann in der gelben Regenjacke barg das Großsegel, rollte die Genua ein und sicherte beides mit kurzen Schoten. Schnell wurde das Boot ruhiger, schaukelte aber immer noch ganz schön in der weißgischtigen See.

Birschi Grünäugl, der Mann im Motorboot, näherte sich, gekonnt rückwärtsfahrend, dem Bug der Comet und warf seinem Sohn eine Schleppleine zu. Der befestigte sie am Bug, setzte sich an die Pinne, und steuerte die Segelyacht ohne Segel, die nun von dem roten Boot gegen die Windrichtung in den Gstadter Hafen geschleppt wurde.

Unter Deck funkelten Robert, Anne und Emma den zitternden Bennie an. Der rieb sich über das Gesicht und schnüffelte: »Was riecht hier so komisch?«

»Der Hund hat dir auf die Füße gereihert. Das würde ich am liebsten jetzt auch machen. Wo hast du denn deinen Segelschein gemacht, du Esel? Hast du überhaupt einen?«

Bennie nickte: »Den A-Schein. Den hab ich in der Schulzeit gemacht. Seitdem war ich auf keinem Boot mehr. Glotzt mich nicht so an. Früher war das alles ganz anders.«

Die Autofahrt nach Bernau verlief schweigend. Das Unwetter legte sich schnell, und als die Fünf am Ferienhaus ankamen, blitzte die Sonne durch die Wolken.

»Wir ziehen uns um. Gehen wir dann auf den Schreck was trinken?«

Kuhlmann schüttelte den Kopf: »Nein. Wir wollen weiter. Ich hab mir überlegt, dass Anne und ich heute noch ein Stück der deutschen Alpenstraße fahren. Über den **Sudelfeld-Pass** oder die Tatzelwurmstraße. Mal schauen. Ich wollte mir in Brannenburg die **Zahnradbahn** anschauen, die auf den Wendelstein fährt.«

Anne schaute ihn wortlos mit hochgezogenen Brauen an, aber Bennie redete unbeeindruckt weiter: »Das müsst ihr auch mal machen. Seit 1912 fährt die Bahn die 12 Kilometer den Berg hoch. Ja, und dann wollen wir uns das **Kloster Reisach** in Oberaudorf ansehen, und in Bayrischzell, wenn wir über das Sudelfeld gefahren sind, werden wir wohl übernachten. Da muss es fantastisch sein. Also, man sieht sich.«

Er stand auf und ging zu seinem Wohnmobil. Anne umarmte Emma und Robert: »Ich glaube, der hat auf dem See zu viel Wasser geschluckt, oder was auf den Kopf bekommen. So kenne ich ihn gar nicht. Tut mir leid, aber

89

5. TAG

es ist wohl besser, wenn wir weiterfahren. Wir sehen uns zuhause.«

Gleich darauf fuhr das Wohnmobil weg. Robert schaute seine Emma an: »Abtrocknen, Umziehen, und dann lade ich dich auf ein gutes Essen ein.«

»Aha, und woher hast du nun wieder diese Insider-Tipps?«

»Vom Sohn des Bootsverleihers. Mit dem hab ich mich unterhalten, während der Herr Grünäugl den Kuhlmann zur Schnecke gemacht hat. Hier, ich hab mir alles aufge-schrieben. Da ist auch schon einiges für morgen dabei.«

5. TAG

Was denn, wo denn, wie noch mal?

Seite 75 Elektroboot mieten
Tel.: +49 (0)8051 2000 · www.stoeffl.de

Seite 78 Kletterwald Prien
Tel.: +49 (0)8051 9650885 · www.kletterwald-prien.de

Seite 79 Bootsverleih Grünäugl
Tel.: +49 (0)8054 90880 · www.gruenaeugl-boote.de

Seite 82 Winklfischer
Tel.: +49 (0)8051 64317 · www.winklfischer.de

Seite 83 Samerberg
Tel.: +49 (0)8032 8606 · www.samerberg.de

Seite 83 Chiemgauthermen
Tel.: +49 (0)8053 200900 · www.chiemgau-thermen.de

Seite 84 Gästehaus Grünäugl
Tel.: +49 (0)8054 90880 · www.pension-chiemsee.com

Seite 89 Sudelfeld-Passhöhe
Tel.: +49 (0)8023 588 · www.sudelfeld.de

Seite 89 Zahnradbahn
Tel.: +49 (0)8034 3080 · www.wendelsteinbahn.de

Seite 89 Kloster Reisach
Tel.: +49 (0)8033 30840 · www.kloster-reisach.de

Der schnelle Weg zu allen Links:
www.chiemgauerverlagshaus.de

Birnenstrudel und Achendelta

Ein sonniger Tag bahnte sich an. Emma und Robert
saßen am Tisch vor dem Ferienhaus und tranken die letzte
Tasse Kaffee. Rambo lag unter einem Apfelbaum und linste
träge nach oben. Auf einem der unteren Äste kauerte die
Hofkatze und fixierte den Hund. Vor wenigen Sekunden
hatte er sie auf den Baum gejagt, und nun hoffte er, sie
würde so dumm sein und wieder runterkommen. Aber die
Katze blickte sich um und kletterte im Geäst höher, bis
man sie im dichten Blätterwald nicht mehr sah.

**6.
TAG**

Fanny bog um die Hausecke. In der Hand hielt sie eine
kleine Plastikschüssel. Vor den Grammels blieb sie stehen:
»Haben Sie meine Katze gesehen?«

Robert blickte sich um: »Nein, ich sehe sie hier nirgends.«

»Wo ist Ihr Dackel?«

»Der schläft da vorne unter einem der Apfelbäume,
warum?«

»Ich hätte schwören können, dass die Mizzi vor einer
Minute unter meinem Küchenfenster vorbeigerast ist, und
dass was hinter ihr her war. Ah, jetzt sehe ich den Dackel.
Brav, wie er da liegt. Naja, man kann ihn auch nicht für
alles verantwortlich machen, was hier so passiert.«

Sie stellte die Schüssel auf den Tisch: »Hier, schauen Sie
mal. Da habe ich ein Stück Birnenstrudel mit Schokosahne.«

Robert schnupperte an dem Strudel: »Mhh, lecker. So
einen Birnenstrudel hab ich ja noch nie gesehen. Was ist
denn da alles drin? Haben Sie den selbst gemacht?«

»Nein. Eine liebe Freundin von mir, die Christine Haslbeck, die hat mir den abends gebracht. Sie waren ja nicht

da, sonst hätte ich ihnen gestern schon ein Stück gegeben. Was da drin ist? Kletzn, das sind getrocknete Birnen, dann Birnenschnaps, Schokolade, Walnüsse und noch so einiges. Wenn Sie wollen, bringe ich Ihnen mal das Buch von ihr vorbei.«

Emma zupfte ein Stück von dem Strudelteig ab und steckte es in den Mund: »Ganz köstlich. Feiner Geschmack. Ihre Freundin macht das hauptberuflich, oder?«

Fanny lachte: »Die Christine? Nein. Aber von ihr gibt es seit ein paar Wochen ein Kochbuch. ›*So schmeckt Bayern*‹ heißt es, und da sind viele Rezepte für Chiemgauer Schmankerl drin. Alles wird aus regionalen Zutaten bereitet und ist auf die Produkte der vier Jahreszeiten abgestimmt. Ich lege Ihnen das Buch später vor die Tür. Da sind Rezepte für Speisen drin, von denen Sie wahrscheinlich noch nie gehört haben.«

6. TAG

»Was denn, zum Beispiel?«

»Verschleiertes Bauernmadl, Kalbsvögerl, mit Rosen gefüllte Hühnerhaxerl oder Hechtenkraut. Na, sagt Ihnen das was?«

Emma schüttelte den Kopf. »Nein, das Buch möchte ich gerne sehen. Aber was macht Ihre Freundin denn nun eigentlich?«

»Vieles«, sagte die Fanny, »sie ist ja auch eine der 12 Naturführer, die wir hier am Chiemsee haben. Heute um 15

Unser Geheimtipp!
Erlebnisbootsfahrt durch
die Natur des Deltas der
Tiroler Achen
Tel.: +49 (0)8642 295

Uhr könnten sie mit ihr eine *Erlebnisbootsfahrt* an das Delta der Tiroler Achen unternehmen. Möchten Sie die Telefonnummer vom *Chiemsee-Alpenland-Infocenter* in Bernau? Die Bootsfahrt ist wirklich eine einmalige Gelegenheit in dieses geschützte Juwel zu kommen.«

»Das wär was, um sich anzumelden, da haben Sie Recht. Was könnte man an so einem Tag auf dem See denn sonst noch unternehmen? Außer einem Segeltörn, meine ich natürlich. Ich möchte gerne mehr von der Fauna und Flora sehen.«

Fanny lachte: »Da gibt es viele Angebote. Mit dem Ruderboot ans Ende des Sees, zum Beispiel. Man staklt in kleinen Booten mit langen, dünnen Holzstangen durch das seichte Ufer. Sie erfahren bei dieser Tour alles über die Wasserinsekten, Schnecken und verschiedenen Muschelarten. Das ist sehr lehrreich, und einer der Höhepunkte der Tour ist, wenn eine der blubbernden Methangasblasen entzündet wird.«

6. TAG

»Klingt aufregend«, sagte Robert, aber Emma meinte: »Was können Sie uns noch vorschlagen?«

»Schön sind auch die ›**Chiemseer Gschichtn**‹. Sie gleiten gemütlich im Boot über den Chiemsee, und an verschiedenen Stellen stoppt man, und Sie bekommen Kurioses und Interessantes über geschichtliche Ereignisse und Naturzusammenhänge zu hören. Es gibt viele spannende Geschichten über den See. Manche sind natürlich aus dem Reich der Sagen und Märchen. Wie die vom versunkenen Dorf, um nur eine zu nennen.«

»Setzen Sie sich doch auf eine Tasse Kaffee zu uns«, sagte Robert und rückte zur Seite, »was ist denn das für eine Erzählung?«

»Man sagt, dass vor vielen Jahren die Fraueninsel, die Krautinsel und Herrenchiemsee mit dem Festland verbunden waren. Dieser Flecken Erde war sehr fruchtbar, die Bewohner wurden reich und übermütig. Sie gingen nicht mehr in die Kirche. Da kam die Strafe Gottes, und in einem mächtigen Sturm versanken die Häuser, die Viehherden, die Kirche und alle Menschen in den Fluten, das

Dorf verschwand in den Tiefen des Sees. Und die Fischer sagen, dass man in manchen Nächten die Glocken der versunkenen Kirche leise und dumpf vom Seegrund her hören kann.«

»Klingt schaurig schön. Sprechen Sie weiter«, sagte Robert.

Fanny lachte: »Ich wollte Ihnen ja Tipps geben und keine Märchen auftischen. Wenn Sie aber was Romantisches machen möchten, wie wäre es mit der Erlebnisvariante vom **Goldwaschen**?«

»Was passiert da?«

»Sie bekommen ein Sieb und eine Waschpfanne, und der Naturführer erklärt Ihnen die glitzernden Schwerminerale und Halbedelsteine, die Sie mit der Goldpfanne gefunden haben. Das ist eine erdgeschichtliche Zeitreise. Dann kann ich noch die ›**Bibertour**‹ an der Prienmündung empfehlen. Da fällt mir ein, genau dort gibt es einen netten Kiosk. Man isst gut, der Wirt grillt, es ist eine schöne Landschaft und ein echter Geheimtipp. So, jetzt muss ich aber schauen, wo meine Katze ist. Weit kann sie ja nicht sein. Und ihr Hund sieht auch sehr niedlich aus, wie er da so unter dem Baum liegt und döst. Wenn Sie die Delta-Bootsfahrt zur Tiroler Achen heute Nachmittag machen möchten, dann rufe ich gerne die Christine an und buche das für Sie.«

»Super, das wäre schön.« Robert trank seinen Kaffee aus: »Ich hole den Hund, dann machen wir uns so langsam auf den Weg. Wir wollen jetzt zum **Wasserfall in Schossrinn**, das soll ja ein echter Kraftort sein. Wissen Sie, wo wir einen guten hiesigen Käse bekommen?«

Fanny nickte: »Ja, klar. Fahren Sie nach Ihrem Wasserfallbesuch in Richtung Sachrang. Bleiben Sie auf der Hauptstraße bis zum österreichischen Grenzschild. Bald sehen Sie

dann links unten die **Bio-Sennerei Hatzenstädt**. Dort gibt es viele Sorten leckeren Biokäse. Feine selbstgemachte Wurstwaren und mehr hat der Seppenbauer in seinem Hofladen, der ist gleich unten an der Hauptstraße. Da fällt mir ein, wenn Sie nach dem Käsekauf beim Hatzenstädt ein bisschen weiter in Richtung Kufstein fahren, kommen sie durch einen kleinen Wald, und dann erreichen Sie einen Aussichtspunkt. Links an der Straße steht eine Bank. Sie haben von dort aus wirklich einen besonderen **Blick in das Inntal bis nach Kufstein**, und der in die Berge ist unvergesslich.«

»Wieder ein echter Geheimtipp, das machen wir.«, bedankte sich Robert, »Sagen sie uns bitte Bescheid, wenn Sie Ihre Freundin Christine erreicht haben? Meine Handynummer haben Sie ja.«

An der einzigen Ampelkreuzung in der Dorfmitte von Bernau bog Robert links ab in die Aschauer Straße. Sie verließen den Ort, folgten der Straße durch einen kleinen Wald, und nach ein paar hundert Metern klopfte Robert an die Seitenscheibe: »Da gehts hoch zur **Seiseralm**. Man kann mit dem Auto bis zu den zwei Gaststätten fahren. Die Fanny sagte, dass dort die Schnitzel sehr zu empfehlen sind. Man kann draußen essen, mit Rundumblick über den Chiemsee.«

»Wir haben gerade erst gefrühstückt.« Emma zeigte nach vorne: »Man sieht schon das **Schloss Hohenaschau**. Wo ist denn der Wasserfall?«

»Durch Aschau durch, dann ein paar Kilometer in Richtung Sachrang. An der rechten Seite der Straße kommt eine Gaststätte. Es wird sogar eine **Regenwanderung** von Aschau aus zum Schossrinn-Wasserfall angeboten, habe ich in der Bäckerei aufgeschnappt. Zwei Einheimische standen vor mir und haben sich unterhalten. Nicht, dass es hier dauernd regnet, sagte der eine, im Gegenteil. Aber bei Regenwetter hat diese Wanderung einen besonderen Reiz.«

»Warum denn?«

Sie fuhren in Hohenaschau am Hinweisschild zur Talstation der Kampenwandbahn vorbei und schauten der Gondel nach, die den Berg hochschwebte.

Unser Geheimtipp! Regenwanderung zu den Wasserfällen. Ein Genuss für alle Sinne. www.aschau.de/de/regenwandern-an-der-prien

»Der eine Mann sagte, die Luft ›schmeckt‹ besser und würziger, wenn es regnet. Man riecht die Bäume und Pflanzen intensiver. Bergschuhe oder Gummistiefel, in einen ›Friesennerz‹ geschlüpft und auf gehts. Die ganze Strecke führt an der Prien entlang, und man kommt zu einer Stelle, ich glaube, er sagte, an der **Kettenkapelle**, da saust die Prien tosend in eine 30 Meter tiefe Klamm. Dann kommt man zu einem kleineren Wasserfall, dem Floderer. Der ist schon in der Nähe des Schossrinn-Falles.«

»Was du alles weißt. Ich glaube, für Aschau und Umgebung sollten wir auch einen Tag einplanen«, meinte Emma.

»Das machen wir auf jeden Fall. Schau mal, da vorne ist schon der Parkplatz!« Robert steuerte den Passat von der Straße und stellte den Motor ab: »Wo ist die Hundeleine? Auf dem Schild da drüben steht, dass wir etwas 15 Minuten brauchen werden.«

Sie gingen den Weg entlang und kamen zu einem lichten Mischwald. Bald begleitete sie das Rauschen des Baches, und der Pfad endete in einem Felsenhalbrund. Der Wasserfall schoss in einem dicken weißen Strahl hoch oben vom Fels herunter in das halbmondförmige Felsenbecken. Tausende feiner Tröpfchen tanzten in der Luft. Ein feuchter

Eine Seefahrt, die ist lustig

Wasserfall Schossrinn, ein
Platz zum Kräfte tanken

**6.
TAG**

Was zum Träumen –
nicht nur für Emma

... Kufstein am grünen
Inn

... einfach nur schön!

Südseefeeling am
Chiemsee

Windhauch zog durch die Bäume, und über der glasklaren Wasseroberfläche schimmerte ein kleiner Regenbogen.

Emma nahm den Hund hoch und schaute sich um: »Ist das bezaubernd hier.«

»Die Fanny sagte, dass das hier ein besonderer Kraftplatz ist, speziell für Frauen.«

»Wie hoch ist der Wasserfall?«

Robert tippte auf seinem Handy: »Moment, haben wir gleich. ›Der Schossrinn-Wasserfall ist ein rund 90 Meter hoher Kaskadenwasserfall. Er besteht aus einer einzigen frei fallenden Stufe, was ihn zu etwas Besonderem macht‹, steht hier. Das mit dem Kraftplatz stimmt, bei mir wirkt es schon. Ich merke, dass ich schon wieder Hunger bekomme. Gehen wir zurück?«

6. TAG

An Sachrang vorbei fuhren sie über die Landesgrenze und bogen nach ungefähr einem Kilometer links von der Straße ab. Im Laden der Biosennerei wurde der Käse von riesigen Laiben geschnitten. Robert und Emma durften verschiedene Sorten probieren, und Robert kaufte mehr als sie eigentlich vorhatten. Emma sagte zur Verkäuferin: »Wir waren vorhin an einem ganz besonderen Wasserfall, der hat meinem Mann Appetit gemacht.«

»Waren Sie am *Talgrabenfall*?«

»Nein, der hieß Schossrinn, warum?«

»Wenn Sie in Sachrang parken, am Berger Hof oder in der Ortsmitte, dann ist der Weg gut beschildert. Sie wandern etwa eine Stunde, dann kommen Sie auf eine romantische Lichtung und sehen, wie das Wasser von den Felsen herabstürzt. Nahe dem Wasserfall sind einige Bänke zum Ausruhen.«

»Danke, sehr lieb«, sagte Robert, »aber Wasserfälle machen mich hungrig. Einer am Tag reicht.«

99

Sie fuhren auf der Wildbichler Bundesstraße einige Kilometer weiter durch den Wald und kamen zu der Bank mit dem herrlichen Panoramablick durch das Inntal in Richtung Kufstein.

Nach ein paar Minuten auf der Bank: Emma lehnte ihren Kopf an Roberts Schulter: »Ist das nicht ein Traum? An was denkst du jetzt gerade?«

»Dass wir vorhin an einer österreichischen Tankstelle vorbeigefahren sind, da war das Benzin echt billig.«

»Mann, was bist du unromantisch. Weißt du, wie man einen wie dich nennt?«

6. TAG

Emma sprach nicht weiter, weil das Handy in Roberts Tasche summte. Er hielt es ans Ohr: »Ja? Fanny, ja, ich höre Sie. Die Bootsfahrt startet um 16.30 am Dampfersteg Übersee-Feldwies, neben der Seewirtschaft. Hab ich verstanden. Gut, wir sind da. Danke, dass Sie das für uns organisiert haben.«

Robert steckte das Telefon ein: »Auf gehts. Der unromantische Mann lädt dich auf ein kleines Mittagessen ein, und dann machen wir unsere Erlebnisbootsfahrt an das **Delta der Tiroler Achen**.«

Am Steg wartete schon eine Gruppe von vier Pärchen. Sie standen um eine Frau mit halblangen, aschblonden Haaren, die auf das Boot hinter ihr deutete: »Die Fahrt dauert drei Stunden, und unser Schiff, die Birgit, verfügt über keine Toilette. Ich sag das immer vorher, man weiß ja nie.«

»Das ist doch eine Hafenbarkasse, oder?«, fragte ein Mann mit Hamburger Akzent. Die Führerin, Christine Haslbeck, nickte: »Ja. Das Alter hab ich jetzt nicht parat, aber Sie haben Recht. Sie war auch schon eine Zeitlang ein Passagierschiff, im Winter wird sie für den Stegbau benutzt.« Sie schaute zu den Grammels: »Sie mit dem Hund, Sie sind bestimmt die Gäste von der Fanny?«

Robert nickte, und Christine reichte ihnen zwei Karten: »Hier. Sie können die an Bord beim Steuermann bezahlen.« Dann drehte sie sich wieder der Gruppe zu: »Gut, dann gehts los. Begeben Sie sich bitte auf die Brigit. Wer kein Fernglas dabei hat, kann sich an Bord eines geben lassen.«

Als alle an Bord waren, glitt das alte Schiff auf den See hinaus. Die Sonnenstrahlen brachen sich auf den leichten Wellen. Christine hielt sich mit einer Hand neben dem Steuerhaus fest: »Wir untersuchen jetzt das Freiwasser, auch Pelagial genannt, mit Keschern. Jeder von Ihnen bekommt einen. Dann messen wir die Wassertemperatur am Boden. Das geschieht mit diesem großen Glaskolben, der neben dem Tisch liegt. Wir werden einige Versuche machen, und ich erzähle Ihnen über das Entstehen des Chiemsees vor 10.000 Jahren und das Vergehen des Sees in 10.000 Jahren. Schauen Sie, hier haben wir einen 125 Millionen Jahre alten Haifischzahn. Ich lasse ihn mal rumgehen, damit ihn jeder von Ihnen genau anschauen kann.«

»Wo sind die Flamingos?«, fragte Emma.

»Ob wir da heute welche sehen, das kann ich Ihnen nicht garantieren. Vielleicht sehen wir Seeadler.« Christine schaute auf einen Mann mit einer merkwürdigen Kappe auf dem Kopf, der den Finger wie in der Grundschule über dem Kopf schwenkte: »Wie weit fahren wir in das Delta rein?«

Die Führerin schüttelte den Kopf: »Wir dürfen nicht hinein fahren. Nur wer alte Fisch- oder Jagdrechte hat, darf rein. Wir werden in wenigen Minuten vor der Bojenkette am Rand des Naturschutzgebietes stoppen und mit den Ferngläsern in das Delta reinschauen. Das ganze Gebiet ist ein schützenswerter und sensibler Lebensraum für scheue und seltene Vogelarten. Es sind aber Wanderungen im

101

emmland der Tiroler Achen möglich, von Feldwies führt ein kurzer Rundwanderweg durch das Delta. Er läuft teilweise entlang des Sees, und sehr interessant ist die Passage, die durch den sogenannten *Lachsgang* führt. Das ist ein Wiesenbrütergebiet, und man sieht unter anderem den Großen Brachvogel, Bekassine, Wachtelkönige, Kiebitze und Braunkehlchen. Mehr als 300 der 350 in Bayern vorkommenden Vogelarten leben und brüten im Delta. Einen sehr schönen Blick hat man von der Aussichtsplattform. Die erreichen Sie nach einer Wanderung, ausgehend vom Parkplatz am Strandbad Übersee. Haben Sie noch Fragen, bevor wir die Ferngläser austeilen?«

»Was ist mit Kormoranen? Man mag die hier nicht so besonders, hat mein Vermieter erzählt. Der ist ein Fischer«, fragte ein anderer Mann.

»Kormorane werden wir sehen. Die sind natürlich nicht jedem recht. So ein Vogel frisst am Tag an die 1,5 Kilo Fisch. Das freut die Fischer natürlich nicht.«

»Wie groß ist das Naturschutzgebiet?«

»1250 Hektar. Es gehört damit zu den größten außeralpinen Naturschutzgebieten Bayerns. Die Kernzone im Bereich des Mündungsdeltas einschließlich der vorgelagerten Seefläche misst ca. 350 Hektar. Sie beginnt hier an den Bojen vor Ihnen. Das Delta wächst um etwas einen Hektar pro Jahr, weil bei Niederschlägen eine große Menge von sogenannten Schwebstoffen aus dem Gebiet um Kitzbühel in die Tiroler Achen und letztlich in den Chiemsee eingeschwemmt werden, zusammen mit Mengen von Kies und Sand.«

Der Urlauber mit der merkwürdigen Kappe, der neben Robert saß, fuchtelte wieder wie ein Erstklässler mit dem Zeigefinger in der Luft herum.

»Ja? Was möchten Sie wissen?«, fragte Christine, und der Mann japste: »Der Hund von diesen Leuten hier hat den Haifischzahn geklaut!«

Robert schaute nach unten, nahm dem Dackel den Zahn aus der Schnauze und reichte ihn der Führerin: »Hier, er will nur spielen, weil er sich langweilt.«

Schon bald hatten alle ein Fernglas an den Augen und schauten in die urzeitliche, gewaltige Landschaft des Achendeltas. Man sah Treibholzstangen und Stämme, die sich wie ein grobmaschiger Teppich für Riesen am Ufer ineinanderrankten. Vögel aller Farben und Größen tummelten sich an den dunkelgrünen Ufern, und an Bord herrschte andächtige Stille.

Robert flüsterte Emma zu: »So muss es vor vielen Millionen Jahren auch ausgesehen haben. Man glaubt, dass gleich ein Dinosaurier durch das Unterholz bricht.«

Emma stieß ihn an: »Das wäre dann wahrscheinlich ein Tyrannosaurus Rex, einer deiner fleischfressenden Vorfahren, der auch immer Hunger hatte.«

»Der Mensch stammt nicht vom Saurier ab!«

»Du schon!« Emma packte ihr Fernglas weg: »Wo ist der Hund?«

Die Zeit verging wie im Flug, und auf dem Rückweg setzte sich Christine zu den Grammels: »Die Fanny hat mir erzählt, dass Sie gerne kochen?«

»Ja«, sagte Emma, »und ich werde mir mit Sicherheit Ihr Kochbuch kaufen. Wie sind Sie denn auf die außergewöhnliche Zusammenstellung der Rezepte gekommen?«

»Ich koche gerne, und ab und zu gehe ich auch mal mit Freunden essen. Da liest man dann auf manchen Speisekarten vom «Red Snapper» oder anderen exotischen Fischen, die von irgendwoher kommen und schon ein paar tausend

Flugkilometer auf den Gräten haben, bevor sie auf dem Teller landen. Äpfel kommen aus Neuseeland, Nüsse aus China, und die Flusskrebse aus Louisiana. Aber schauen Sie sich hier nur mal um. Wir haben doch alles! Der See liefert Fisch, auf den Weiden grasen Rinder, in den Wäldern und in den Bergen gibt es Wild, Pilze, Beeren und viele Kräuter. Die besten und gesündesten Lebensmittel bekommen wir hier vor unserer Haustür, von heimischen Erzeugern. Einfach alles, was man für bodenständige Gaumenfreuden braucht. Und ich habe mir natürlich Speisen rausgesucht, die wir alle aus unserer Kindheit kennen, aber die zum Teil einfach in Vergessenheit geraten sind. Wer kennt denn noch eine geräucherte Perlgraupensuppe, oder das Urrezept von ›Böfflamott‹? Rausgekommen ist eine Mischung aus Omas Hausmannskost und bayerischer Landküche, bis hin zum Lieblingsessen von König Ludwig II.«

6. TAG

»Ich bekomme schon wieder Hunger«, meinte Robert, »dabei wollte ich Sie eigentlich fragen, wo ich das alles, was Sie uns heute über das Delta, die Naturschutzgebiete und den See erzählt haben, in Ruhe nachlesen kann. Als landschaftsverbundenen Menschen interessiert mich das alles sehr.«

Unser Geheimtipp!
Viel Wissenswertes im "Natur-, Kultur- und Kulinarikführer Chiemsee"

»Ich schreib Ihnen was auf. Ein Bekannter von mir hat den ›**Natur-, Kultur- und Kulinarikführer Chiemsee**‹ herausgegeben. In dem Buch finden Sie 24 Traumtouren um den See und die nähere Umgebung, und auch Flora und Fauna und unser kultureller Reichtum werden ausführlich beschrieben.«

»Wie sieht es mit seltenen Pflanzen und ihren Standorten aus?«

»Auch da werden Sie in dem Buch fündig werden, alles was Sie wissen wollen.«

»Sehr schön, danke. Doch zurück zu meinem Hunger: Können Sie uns einen guten Tipp geben, wo wir heute Abend gut essen und auch noch einen besonderen Blick auf den See haben?«

Die Frau überlegte kurz und sagte: »Das schreib ich Ihnen auch auf. ›Chiemgau Hof‹, so heißt das Restaurant, und das ist die Anschrift. Und wenn das Wetter so schön bleibt, dann sollten Sie sich noch einen Drink in der **Sundownerbar** gönnen. Hier, bitte. Grüßen Sie die Fanny von mir.«

6. TAG

Der Eingang zum Chiemgau Hof am Strand von Übersee wurde von zwei mächtigen Hirschgeweihen flankiert. An den Hauswänden sah man große Lüftlmalereien. Die Grammels hatten den Hund im Auto gelassen, er lag in seinem Korb und kuschelte sich in seine alte Decke.

»Gehen wir durch, nach hinten in den Biergarten«, sagte Robert. Unter den alten Eichen standen blaugedeckte Tische, und man hatte einen einzigartigen Blick auf den See, die Schiffe und ein paar Surfer, die nah am Ufer dahinglitten.

Robert stapfte auf einen Tisch zu, der nahe am Wasser stand: »Hier, der hat auf uns gewartet! Der beste Tisch für meine hübsche Frau!« Robert zog einen Stuhl zurück und machte eine schwungvolle Verbeugung: »Voilà, Madame, wenn ich bitten darf?«

Emma setzte sich, lächelte ihn an und blickte zur Bedienung auf, die zu ihnen trat, bevor Robert sich setzen konnte.

»Das tut mir leid, aber der Tisch ist reserviert. Das steht auf dem Schild?«

Robert hob das gefaltete Papier an, schaute darauf und lächelte: »Stimmt, das sehe ich erst jetzt. Aber hier steht, dass ab 20.00 Uhr vier Personen kommen. Jetzt ist es kurz vor Sieben, in einer Stunde sind wir längst wieder weg.«

» ...ich weiß nicht.« Die Serviererin schaute unschlüssig.

»Wir feiern unseren Hochzeitstag und wollen gleich in die Sundownerbar. Aber vorher möchten wir was Nettes essen. Na, was meinen Sie? Empfehlen Sie uns doch was, wenn Sie möchten.«

6. TAG

Robert setzte sich, und die Bedienung lachte: »Na gut. Ein Hochzeitstag entschuldigt alles. Dazu passt unser Prosecco Eisbeere als Einstimmung. Dann vielleicht eine Fischsuppe, danach Tagliata, das ist unser Chiemgauhof-Klassiker. Wir haben aber auch Wild aus der angrenzenden Jagd, oder fangfrischen Fisch aus dem See und dem Überseer Bach. Oder möchten Sie lieber in die Karte schauen?«

Robert schüttelte den Kopf: »Wir nehmen das von Ihnen Vorgeschlagene, aber nur einmal die Tagliata und einmal was mit gebratenem Fisch. Was haben die Herrschaften da am Nebentisch?«

»Das ist Zander mit Nusskartoffeln.«

»Passt. Nach dem Aperitiv bitte zwei Viertel trockenen Rosé.«

Die Bedienung ging, und Emma sah auf den See hinaus: »Schau dir nur die Sonne an, wie die über dem See liegt. So grandios hab ich das noch nie gesehen. Und der Blick auf die Inseln und die Berge. Unglaublich! Übrigens, heute ist nicht unser Hochzeitstag, du alter Schummler.«

»Ich hab ja nicht gesagt, dass der heute ist, sondern das Wort «Hochzeitstag» ganz allgemein gebraucht.«

Das Essen war hervorragend, und um Viertel vor Acht lagen sie in Liegestühlen am Strand. Hinter ihnen stand ein Airstream-Wohnwagen unter den Bäumen, und auf dem Steg saßen fröhliche Menschen und bestaunten den See, den die untergehende Sonne in pures Gold verwandelte.

»Unglaublich beeindruckend. Das ist ja ›Sonnenuntergangsschmachten‹ in Reinkultur«, sagte Robert und bestellte zwei fruchtige Cocktails.

Fackeln wurden entzündet, und es roch nach Feuer und Gegrilltem, während der Wind mit seidiger Kühle über die Haut strich.

»Das hier ist der ultimative Platz«, seufzte Emma und ließ etwas Sand durch ihre Finger gleiten: »Ich höre eine Band, du auch?«

Robert setzte sich aufrecht und lauschte: «Ja, das kommt von da hinten. Los, wir gehen mal hin!«

Sie schlenderten in der Dämmerung über die Promenade und fanden sich bald in der *Beachbar* wieder. »Das ist ja Karibik-Feeling total«, rief Emma, »Schau dir das an: Sandstrand, Basthütten, Cocktails und eine Reggae-Band.«

»Ja, aber die singen bayrisch«, grinste Robert und schaute auf die überwiegend jüngeren Leute, die barfuß im warmen Sand tanzten, oder einfach nur auf den dunkler werdenden See hinausblickten. Segelboote dümpelten im Wasser, die Sonne verschwand vollends, und Emma hakte sich bei Robert ein: »Wir schlafen heute hier am Strand, oder?«

Was denn, wo denn, wie noch mal?

Seite 93 So schmeckt Bayern
www.chiemgauerverlagshaus.de/buch_so_schmeck_bayern.php

Seite 93 Erlebnisbootsfahrt Tel.: +49 (0)8642 295 www.ueber-
see.com/erlebnisbootsfahrt-an-das-delta-der-tiroler-achen

Seite 95 Goldwaschen Tel.: +49 (0)8051 687621
www.chiemsee-alpenland.de

Der schnelle Weg zu allen Links:
www.chiemgauerverlagshaus.de

Seite 95 Bibertour
Tel.: +49 (0)8051 687621
www.wellness-urlaub-chiemsee.de

Seite 95 Wasserfall in Schossrinn
www.aschau.de/de/regenwandern-an-der-prien

Seite 96 Biosennerei Hatzenstädt
Tel.: +43 537361713 www.biokäserei-tirol.at

Seite 96 Schloss Hohenaschau Tel.: +49 (0)8052 904937
www.aschau.de/de/schloss-hohenaschau-fuehrung

Seite 97 Kettenkapelle Aschau
aschau-entdecken.de/kettenkapelle-in-aschau-im-chiemgau

Seite 99 Talgrabenfall
www.weltweit-urlaub.de/blog/sachrang-chiemgau-wasserfall

Seite 100 Delta der Tiroler Achen
www.natur-chiemsee.de/html/lebensraeume.html

Seite 104 Chiemseeführer
www.chiemgauerverlagshaus.de/buch_naturfuehrer.php

Seite 105 Chiemgau Hof
Tel.: +49 (0)8642 89870 · www.chiemgauhof.com

Seite 105 Sundowner Bar
Tel.: +49 (0)8642 89870 www.sundownerbar.de

Seite 107 Beachbar Übersee Tel.: +49 (0)8642 446
www.chiemsee-alpenland.de/Media/Gastronomie/Biergarten-
Uebersee-Gastronomie-am-Strandbad-Uebersee

Hotel Hohenaschau
Holiday Check
Kampenwandstr. 94 194a

Libellentanz und Mozarteiche

»Ich komme gleich wieder!« Vor ungefähr einer halben Stunde hatte Emma diese Worte gesäuselt und Robert und den Hund alleine am Frühstückstisch vor dem Ferienhaus zurückgelassen. Die Sonne kletterte am Himmel hoch, die Bienen summten und ein weiterer herrlicher Urlaubstag lag vor ihnen. Auf dem mattblau schimmernden See waren schon viele Boote unterwegs.

Aber Robert frühstückte nicht gerne alleine, und der Hund war sowieso grantig, weil weit und breit keine Katze und auch kein Huhn zu sehen war. Robert hielt ihm eine Wurstscheibe vor die Schnauze, Rambo schnupperte daran und nahm sie gnädig. Endlich kam Emma um die Ecke. Freudestrahlend legte sie zwei Bücher auf den Tisch: »Schau mal, was ich geschenkt bekommen habe: Einen lustigen Roman und den Natur-, Kultur- und Kulinarikführer Chiemsee.«

Robert nahm das Erstere in die Hand: »Hundegeschichten über einen Dackel. ›Is was, Chef?‹ Und der Hund auf dem Cover sieht aus wie unserer. Na ja, das kann ja nur gut sein. Aber das hier, der Chiemseeführer, das ist natürlich super. Warum hat die Fanny dir die beiden Bücher geschenkt?«

»Wir haben ja gestern viel zu viel Käse eingekauft, und da hab ich das große Stück der Fanny gebracht. Sie hat mir die Bücher gegeben und ein paar Tipps, weil sie gestern mit einer Freundin telefoniert hat.«

»Was für Tipps?«

»Im Gebiet von Bad Feilnbach gibt es die **Sterntaler Filzen**, das ist ein echtes Moorerlebnis, sagte sie. Dort war mal ein See, größer als der Bodensee. Jetzt sind da die Filzen mit einer unglaublichen Pflanzen- und Tiervielfalt. Man kann Hunderte von Libellen tanzen sehen. Dann gibt es da noch das **Wassererlebnis Jenbachparadies**, da sind Wasserfälle und Gumpen, in denen man baden kann.«

»Wunderbar. Aber heute gibt es keine Wasserfälle. Baden schon eher. Hast du noch was?«

»Ja. Man kann mit einem nostalgischen Dampfzug der **Chiemgauer Lokalbahn** auf der 18 Kilometer langen Strecke von Bad Endorf über Amerang nach Obing fahren. Dort gibt es einen Badesee. Na? Und Mittagessen im Golfclub Höslwang oder auf der Terrasse vom **Gasthof ›Zur schönen Aussicht‹**, ebenfalls in Höslwang. Von der Terrasse aus hat man einen der atemberaubensten Blicke auf die Alpenkette. Die ›Schöne Aussicht‹ ist auch das Hauptquartier der ›13 Höslwanger‹, das ist ein legendärer **Fanclub des FC Bayern**.«

Robert schüttelte den Kopf und blätterte im Chiemseeführer. Mit dem Finger klopfte er auf die aufgeschlagene Seite: »Hier, das machen wir heute Vormittag. Seite 130, Tour 7.2 ›von Eggstätt durch das Herz der Seenplatte‹. Hör zu: eines der ältesten Naturschutzgebiete Bayerns. Naturseen und Moore. Seltene Pflanzen wie der ›echte Seidelbast‹, der ›kleine Fuchs‹ oder das ›Buschwindröschen‹. Das will ich sehen. Wir nehmen die Fahrräder mit, die Badesachen sowieso, und in zehn Minuten ist Abfahrt.«

Während Emma packte, schaute Robert auf sein Handy und rief über die Schulter: »Hier steht, dass die **Eggstätt-Hemhofer** und die **Seeoner Seenplatte** aus insgesamt 58 Wasserflächen bestehen. Von oben sieht das aus wie wenn ein Riese eine Handvoll Perlen in die Landschaft geworfen hätte. Die Toteislöcher sind das Erbe der letzten Eiszeit, steht hier.«

»Wie entsteht Toteis? Das kapier ich jetzt nicht. Hilf mir mal bei den Fahrrädern.«

»Gleich. Also, damals sind riesige Eisblöcke beim Zusammenstoß von Chiemseegletscher und Inngletscher abgesplittert und liegengeblieben. Noch vor dem Abschmelzen sind die Blöcke von der Urprien wieder zugeschottert worden, und beim Abtauen entstanden die Hohlformen. Logisch, oder? Die Schottermassen sind zwischen ihnen als Kamesrücken liegengeblieben. Deswegen gibt es dort auf wenigen Quadratkilometern unzählige große und kleine Gewässer in den verschiedensten Oberflächenformen.

Die **Eggstätt-Hemhofer Seenplatte** umfasst 35 davon, und ein paar werden wir uns heute ansehen. Vielleicht können wir auch Schloss Hartmannsberg besuchen, das liegt an einem der Seen, dort sind ab und zu Ausstellungen, steht hier. Wir radeln teilweise auf der alten Römerstraße, der ›**Via Julia**‹, die von Salzburg nach Augsburg führte.«

»Aha! Kommst du jetzt endlich und hilfst mir mit den Rädern?«

»Jaja, sofort. Hier, hör zu: äußerst seltene Wasserpflanzen in den Sumpf- und Schilfzonen. Felder mit Wollgras und der Blauen Iris. Ich sag dir was, wir radeln um den **Hartsee**, die Tour ist 9 Kilometer lang und sehr abwechslungsreich.«

»Gut, aber wenn du nicht sofort die Fahrräder auf das Auto hievst, kannst du mich Huckepack um den See schleppen. Und den Hund auch.«

Unser Geheimtipp!
Relikt aus der letzten Eiszeit – die Eggstätt-Hemhofer Seenplatte mit sehenswerter Pflanzenwelt
www.eiszeitseen.de

TAG

111

Ein paar Minuten später waren die Grammels nebst Dackel Rambo schon hinter Prien, und bald darauf fuhren sie durch Eggstätt.

»Da vorne links, da gehts zum Hartseeparkplatz. Siehst du das Schild?«

Am Rande des Parkplatzes sahen sie eine Tafel, auf der auf die 80 verschiedenen Libellenarten hingewiesen wurde, die sich auf den geschützten Gewässern tummeln.

Während Robert die Räder von der Halterung nahm, lief der Dackel ein paar Meter in Richtung der Wirtschaft und war schnell außer Sicht. Emma packte die Badesachen auf ihren Gepäckträger und holte eine Wasserflasche und einen Napf für den Hund aus dem Auto. Robert stellte die Räder an den Holzzaun, sperrte das Auto ab, hörte ein kurzes, lautes Kläffen und schaute sich um: »Wo ist der Hund? Nein, bitte nicht schon wieder!«

Beide warfen sich Blicke zu und trabten wie auf Kommando gleichzeitig zur Gaststätte. Sie bogen im Laufschritt um die Hecke und sahen am Küchenausgang eine Frau im Dirndlkleid, die sich zu Rambo bückte und die beiden Grammels anschaute: »Ist das Ihr Hund?«

»Äh, nein, den hab ich noch nie gesehen. Warum?« stotterte Robert, aber Emma stieß ihn an und sagte: »Ja, das ist unser Rambo. Was hat er denn jetzt wieder angestellt?«

»Angestellt? Der ist ein ganz Lieber und ein Held. Ich bin kurz in den Gastraum, hab vergessen, die Küchentür nach hier draußen zu schließen, und da haben sich wohl zwei Katzen reingeschlichen. Die wollten gerade an den lauwarmen Schinken, den ich auf dem Tisch hatte. Aber ihr Hund ist vorbeigelaufen und hat die Katzen verjagt. So ein tapferer kleiner Kerl. Darf ich ihm ein Wienerle geben?«

Robert nickte: »Ja. Und mir bitte auch eines, ich bin nämlich sein Trainer. Wir radeln jetzt um den Hartsee und die anderen Seen. Haben Sie mittags auf?«

Die Frau schüttelte den Kopf: »Nein, ich bereite das Buffett für eine private Feier für heute Abend vor. Aber wenn Sie gut und regional essen möchten, empfehle ich Ihnen den ›*Gasthof Weißbräu*‹ in Bachham. Das ist eine Ortschaft weiter, in Meisham. Eine Spezialität dort ist die gebackene Chiemseebrachse, oder der Chiemseeaal im Wurzelsud. Mein Mann isst als Nachspeise immer den Apfelstreuselkuchen mit Sahne.«

Robert nahm den Hund hoch, sie gingen zurück zu den Fahrrädern und schoben diese vorbei an einem schön angelegten Spielplatz mit großem Sandkasten, zum Geh- und Radweg. Sie sahen eine Bocciabahn, eine **Minigolfanlage** und mehrere Tischtennisplatten sowie einen **Beachvolley-platz**. Etwas tiefer lag der See mit einer Bootshütte und einem Steg, an dem ein paar Ruderboote vertäut waren.

»Da ist sogar ein kleiner **Bootsverleih**, schau mal!« Robert schwang sich aufs Rad und fuhr los. Die Strecke war nicht ohne, mit vielen Wegbiegungen, Steigungen und Gefällen. Sie fuhren über Bohlenwege, trugen die Räder eine Treppe hoch, kamen auf einen Trampelpfad und hielten mitten auf einer langen, schmalen, hölzernen Brücke. Sie sahen Falter und Libellen, die sich durchs Schilf tummelten. Links und rechts am Ufer bemerkten sie kleine Badestellen, die man vom Weg aus nicht sehen konnte, obwohl der meist nahe am Ufer entlang führte.

Robert schaute in seinen Naturführer und zeigte über die tiefblaue Wasserfläche: »Vor mehr als hundert Jahren haben einige der Chiemseemaler diesen Flecken für sich entdeckt und gemalt. Gewohnt haben sie im **Schloss Hartmannsberg**, das liegt ein paar hundert Meter Luft-

7. TAG

113

linie schräg hinter uns, am *Schloßsee*. Das Schloss war früher ein Treffpunkt internationaler Künstler, überwiegend Maler und Naturfotografen. Schau dir nur die Seerosen da drüben an, ist das nicht herrlich hier? Übrigens, schade dass die Kuhlmanns schon weg sind. Hier ganz in der Nähe, in Pelham, gibt es nämlich auch einen *Hochseil-Klettergarten*.«

Emma stieß ihn an: »Boshafter Kerl. Lass uns am nächsten Steg haltmachen und uns ein bisschen hinsetzen und die Beine ins Wasser halten. Vielleicht gehen wir auch schwimmen, was meinst du?«

7. TAG

»Nicht vor dem Mittagessen. Romantische Pause auf einem Steg wäre aber ok. Sowas regt bei mir den Appetit an. Schwimmen werden wir nachmittags, ich hab uns da schon einen See aus dem Naturführer ausgeguckt. Und jetzt: auf zum nächsten Steg.«

Rumpelnd fuhren die Räder über die Holzplanken, und nach wenigen Minuten hatten sie einen Steg erreicht, der weit in den Hartsee hineinragte. Von dessen Ende aus hatte man einen freien Blick auf den See und den Mischwald.

»Es ist ja so, dass ein bisschen Kultur auch nicht schlecht wäre, oder schauen wir uns heute nur Seen an?«

Robert zeigte auf sein Buch: »Kultur satt. Wir werden nach dem Mittagsmahl nach Seeon fahren. Dort besuchen wir das gleichnamige Kloster und den Friedhof.«

»Warum einen Friedhof?«

»Lass dich überraschen. So, und jetzt auf die Drahtesel, wir radeln zurück zu unserem Auto.«

Kloster Seeon – immer
einen Ausflug wert

Hochschaun lohnt sich, auch
wenn Emma bald ne Genick-
starre bekommen hätte

Ein anonymer Romantiker
verschönert den Wald
am Griessee

Königl.
bayrischer
Radlstand

Das wird die Historiker
überraschen

Einfach nur genießen ...
die schöne Aussicht bei
Höselwang

Bachham ist ein versteckter Weiler bei Eggstätt. Und das ›**Weißbräu**‹ hat seinen Namen davon, dass in dem traditionellen bayerischen Gasthof bis 1981 ein hervorragendes Weizenbier gebraut wurde. Die Weißbierbrauerei gibt es nicht mehr, dafür aber eine urgemütliche Gaststube mit holzverschalten Wänden und einem alten Kachelofen.

Die Grammels nahmen in der Stube neben dem Stammtisch Platz, weil der Biergarten vor dem Gasthaus sehr gut besucht war, und einige Hunde unter den Tischen lagen, was zu Problemen mit Rambo hätte führen können.

Die Bedienung kam und legte die Speisekarte auf: »Zu empfehlen wär heute die Pfannkuchensuppe und der Chiemseeaal in Dillsoße. Wir haben auch noch frischen Renkenmatjes mit Apfeljoghurtsoße und Bratkartoffeln.«

»Zweimal Suppe, einmal Matjes und für meine Frau den Aal. Ist noch Apfelstreuselkuchen da?« Robert schaute von der Karte hoch.

»Klar.« Die Bedienung ging zum Stammtisch, um eine weitere Bestellung aufzunehmen. Dort saßen zwei Männer, offenbar Einheimische.

»Was waren die letzten Worte eines Elektrikers?«

Der andere Mann schaute von seinem Bier auf: »Was?«

»Was ist denn das für ein komisches Kabel?«

Beide lachten, und der eine, der offenbar Elektriker war, meinte: »Und welche Handwerker essen am meisten? Verputzer, die verputzen ganze Häuser. Und wenn du mal vom Gerüst runterfällst, dann müssen sie dir erst die Hände aus der Tasche nehmen, damit es wie ein Arbeitsunfall aussieht.«

Robert grinste, und der Elektriker sagte: »Auch aus der Branche?«

»Nein, ich bin Landschaftsgärtner. Wir machen hier Urlaub. Aber Sie beide sind von hier, nehme ich an.«

»Zum Schlafen gehen wir schon nach Hause, aber Sie haben recht, der Stammtisch hier ist unser Hauptwohnsitz. Kommen Sie doch zu uns rüber, wir haben Platz genug, und von den anderen kommt heut Mittag keiner mehr. Der Gärtner ist vor zehn Minuten gegangen. Der hat uns heute erzählt, dass es die Pflanzen mitkriegen, wenn man mit ihnen spricht. Da hab ich gesagt, dann geh heim und beleidige dein Unkraut, dann brauchst du es nicht zu jäten.«

»Kannst du dein Haus nicht mehr erspähen, wirds höchste Zeit zum Rasenmähen. Aber ich brauch das nicht mehr zu machen, seit ich meiner Frau erzählt habe, dass Gartenarbeit schön macht«, sagte der Putzer, während sich die Grammels an den Stammtisch setzten. Der Dackel zog unwillig an der Leine und knurrte den Elektriker an.

»Ich hab drei Katzen zuhause, das riecht der wahrscheinlich, oder?«

Die Speisen kamen, die Handwerker hatten sich Schnitzel bestellt, und Robert orderte eine Runde Bier und ein Glas Weißwein für Emma: »Das macht man so bei uns, wenn man an den Stammtisch eingeladen wird.«

Nachdem er seinen Teller leergeputzt hatte, stand der Elektriker auf: »Ich muss leider schon gehen. Mir pressierts heute ein bisschen, ich hab gleich einen Termin zum Haareschneiden. Also dann!«

Der Verputzer schaute seinen Freund an: »Das wollte ich dich schon lange mal fragen: Was macht dein Friseur eigentlich beruflich?«

Die Männer grinsten, der Elektriker streichelte den Hund und ging.

117

Robert schaute sich in der Stube um: »Richtig urig ist es hier.«

Sein Gegenüber nickte: »Ja, es gibt aber viele schöne Wirtschaften hier in der Gegend. Wenn Ihr Kleinkunst mögt, dann solltet Ihr mal zum Kramerwirt in Hemhof gehen, da gehts richtig ab. Und vorher vielleicht ein bisschen schwimmen im Strandbad am **Pelhamer See**. Oder, das kennen nicht viele: **s'kleine Wirtshaus**, an der Staße nach Seeon, im Weitmoos. Das ist ein gemütliches altes Holzhaus, der Wirt kocht wunderbar, hat seinen eigenen Blüten- und Kräutergarten, und man kann von dort aus vielseitige Wanderungen unternehmen.«

7. TAG

»Hier ist doch auch irgendwo das Dorf aus ›Bauer sucht Frau‹, oder?«, fragte Emma.

»Ja, Sie meinen Pittenhart. Da wohnen die, der Josef und die Narumol. Es gibt dort aber auch den **Hilgerhof**, das ist ein Bauernhaus aus dem Jahr 1460, ein Dreiseithof, der jetzt ein privates Museum ist.« Er trank einen Schluck Bier: »Ahhh, Bier ist das beste Wasser. Apropos Wasser: Wart ihr schon an der Rupertusquelle in Frasdorf?«

Robert und Emma schüttelten die Köpfe.

»Passt auf, das ist eine ganz mysteriöse Geschichte. Eine gewisse Maria Furtner, geboren um 1820 rum, erkrankte mit 12 an den Blattern. Helfen konnte dem armen Kind keiner. Also ging sie wieder auf den Bauernhof der Eltern und trank von da an die nächsten 50 Jahre nur das Wasser der Rupertusquelle. Sonst hat sie nichts zu sich genommen, nur das Wasser. Das Rätsel ist nie gelöst worden, aber zu der Quelle kann man heute noch gehen und das

Wasser trinken. Klopft einfach bei dem Haus neben dem Brunnenhäuschen an und fragt.«

»Haben Sie noch mehr von diesen seltsamen Geschichten?« Robert bestellte noch zwei Biere.

»Ja. Wo wollt ihr denn jetzt hin?«

»Zum **Kloster Seeon**, dort wollen wir uns die Anlage ansehen.«

Der Verputzer wischte sich den Bierschaum von den Lippen: »Dann müsst ihr auf den kleine Friedhof vor der **St.Walburgis-Kirche** gehen. Dort schaut ihr euch den russisch-orthodoxen Teil des Friedhofs an. Fünfzehn Gräber mit den drei Querbalken gibt es da und das Grab von Anastasia Manahan.«

»Der Zarentochter?«

»Das hat sie ihr Leben lang behauptet, dass sie die jüngste Tochter des letzten Zaren Nikolaus II. sei. Jahrzehntelang waren ihre Anwälte damit beschäftigt, ihre Ansprüche durchzusetzen. Letztendlich ist sie 1984 in den USA verstorben, wurde aber hier begraben, neben ihren langjährigen Gönnern, der Familie Leuchtenberg. Lange nach ihrem Tod konnte man durch einen DNA-Abgleich feststellen, dass sie eine Bauerntochter aus Berlin war, die Franziska Schanzkowsky hieß. So, jetzt muss ich aber auch gehen, die Arbeit wartet.«

Robert hob die Hand: »Gibt es denn noch was, das wir uns beim Kloster Seeon ansehen sollten?«

Im Aufstehen meinte der Mann: »Wenn Sie noch Zeit haben, dann wandern Sie um den **Griessee**. Dazu gehen Sie am Kloster vorbei, über die lange Holzbrücke, und dann links in die Weinbergstraße. Sie kommen nach ein paar Minuten in einen Wald. Da halten Sie sich rechts und bleiben auf dem Forstweg. Nach ungefähr einer Viertelstunde kommen Sie in einen Baumbestand, der etwas erhöht liegt.

7. TAG

Dort gibt es Steinskulpturen und einen sitzenden Buddha. Viele kleine und größere Kunstwerke sind in dem Waldstück zu sehen. Keiner weiß, wer die gemacht hat. Manche sind nur Steine mit einer Inschrift, andere, wie der Buddha auf der Lichtung, wirken richtig mysteriös, wenn die Sonnenstrahlen in einem bestimmten Winkel drauffallen. Das müssen Sie sich ansehen. Noch was: Wenn Sie um den Griessee gehen, bleiben Sie auf den Wanderpfaden. Das alles ist ein Naturschutzgebiet mit vielen seltenen Pflanzen und Tieren. Ach ja, der Griessee ist einer der wärmsten Seen Bayerns, und sein Wasser ist seidenweich auf der Haut. Wenn sie schwimmen wollen, dann gehen Sie zum Bootshaus, dort ist ein schöner Platz mit Liegewiese und schattigen Bäumen. Einen schönen Urlaub wünsche ich Ihnen noch.«

Der Mann bezahlte an der Theke, winkte ihnen noch einmal zu und ging.

Eine knappe Stunde später stellten sie ihr Auto auf dem großen Parkplatz nahe des Klosters ab. Sie gingen am **Café Leuchtenberg** vorbei, Robert zeigte auf die Schiefertafel vor dem Eingang: »Jetzt schau dir nur an, wie viele verschiedene Kuchen und Torten die hier anbieten. Und man kann direkt am Wasser sitzen.«

»Mein Lieber, du hast gerade erst ausgiebig zu Mittag gegessen. Jetzt gibt es Geisteskost. Das Kloster Seeon wurde 994 gegründet, vom Pfalzgrafen Aribo.«

»Da kenne ich die Gummibärchen!«

Emma verdrehte die Augen: »Banause. Pfalzgraf Aribo und seine Gemahlin Adala waren die Gründer. Kaiser Otto III. und Papst Sylvester II. haben die Gründung rechtskräftig gemacht. Nach Gotisierung und einer späteren Barockisierung wurden um 1634 die Abtei und die Trakte um den

Innenhof gebaut. Ab 1761 kam Wolfgang Amadeus Mozart öfter hierher, 1804 wurde das Kloster an einen Münchner Bäckermeister verkauft, der an der Klosterbrauerei interessiert war.«

»Kluger Mann«, sagte Robert.

Emma seufzte: »Warum erzähle ich das alles? Ich mach es kurz. Später kaufte es Amelie von Leuchtenberg, die Leuchtenbergs waren mit der russischen Zarenfamilie verwandt. Deshalb ist das Grab der falschen Anastasia hier bei den andern orthodoxen Gräbern, jetzt verstehe ich die Zusammenhänge. Wollen wir einen Klosterrundgang machen? Es gibt eine interessante Dauerausstellung über das Kloster und sein Skriptorium. Die **Barockkirche** soll auch sehr schön sein.«

»Und wo wird das Bier gebraut?«

Mittlerweile standen sie vor dem Friedhof. Emma legte den Finger auf die Lippen, Robert nahm den Hund auf den Arm, und sie sahen sich die alten Gräber und die Ruhestätte der Anastasia Monohan an.

»Lass mich in die Kirche schauen, du bleibst mit dem Hund so lange hier, ja?«

Nach ein paar Minuten kam Emma wieder zu Robert: »Das solltest du dir auch ansehen. Wunderschöne Malereien aus dem späten 16. Jahrhundert, die Kirche selber steht seit dem 15. Jahrhundert. Sehr inspirierend.«

Vor dem Friedhof saß hinter einem kleinen Tisch ein Mann, der Honig verkaufte. Robert fragte ihn nach der Mozarteiche, und der Mann zeigte auf einen kleinen Weg, der links vom Friedhof begann. Sie kamen auf einen schönen kleinen Rundweg, der um den westlichen Teil des Sees führte. Nach ungefähr 10 Minuten lag rechts der See und links eine Wiese, auf der mittendrin eine mächtige Eiche stand.

Rambo raste los und umrundete den dicken Stamm.

»Das ist eine Stieleiche, das sehe ich auf den ersten Blick«, meinte Robert. Emma schaute zur Baumkrone hoch und setzte sich dann auf die Bank: »Jetzt stell dir mal vor, hier waren Leopold und Amadeus Mozart, auch Haydn. Vater Mozart soll sich bei seinen Besuchen hier immer das von den Mönchen gebraute Klosterbier mit nach Salzburg genommen haben.«

»Kluger Mann. Wollen wir wieder zurückgehen? Ich bekomme von so viel Kultur Durst.«

Rund um das Kloster waren viele Skulpturen und Kunstwerke zu sehen, die zum Teil im Wasser des Sees standen. Der Klosterinnenhof wurde gerade für ein Konzert bestuhlt, und in dem Biergarten, der in den See gebaut war, sassen fröhliche Menschen.

Die Grammels gingen am Kloster vorbei auf dem schattigen Kiesweg zu dem langen Holzsteg, der aufs Festland in den Ortsteil Bräuhausen führte.

»Dort, am anderen Ende des Stegs stand zur Römerzeit ein Marstempel«, sagte Emma, »und links davon waren wohl die Weinberge. Ungefähr vom Ende des Stegs bis rüber zu den alten Herrenhäusern.«

»Während du in der Kirche warst, hab ich mich mit einem netten Herrn unterhalten«, sagte Robert, »der hat mir von einer historischen Wirtschaft in Seeon erzählt, dem *Rauchhaus*. Der Name kommt davon, dass sie früher nur eine Kochstelle hatten, der Rauch konnte nicht kontrolliert abziehen, sondern waberte durch das ganze Haus und

Unser Geheimtipp!
Steak-Spezialitäten in mitten 300 Jahre alten Gemäuers. Tel. 08624 829922

suchte sich seinen Weg durch die undichten Stellen im Dach nach draußen. Das gesamte Haus roch innen immer nach Rauch, die Wände waren schwarz vom Ruß, aber die Wärme blieb drinnen, und das wollten die damaligen Bewohner damit erreichen. Über 300 Jahre alt ist das Gebäude, ein nachgotisches Mittelflurhaus, so nennt man diesen Typ. Heute kann man gemütlich in den alten Räumen sitzen, es gibt gutes Bier und edle Weine, der Wirt ist bekannt für seine Steak-Spezialitäten. Und das alte Ambiente muss stilecht sein, na, was meinst du?«

Emma schüttelte den Kopf: »Kommt nicht in die Tüte. Wir gehen jetzt hier auf der Weinbergstraße weiter und da vorne in den Wald. Ich möchte gerne diese Lichtungen und Stellen mit den Skulpturen sehen. Nimmst du den Rucksack, dann nehme ich den Hund, ja?«

7. TAG

Sie erreichten bald einen herrlichen Mischwald und folgten der Forststraße bis zu einem kleinen Pfad und weiter den verwitterten Schildern nach. Über schmale Bäche waren Balken und Bretter gelegt, und nach ein paar Minuten stapften sie eine kleine Anhöhe hinauf und kamen an eine Lichtung. Darauf sahen sie auf einem Baumstumpf eine steinerne, verwitterte Buddhafigur. Sie war vielleicht 50 Zentimeter hoch und vor ihr, auf dem Stumpf, lag ein bemalter Stein, auf dem das Wort ›Stille‹ stand. Um den Stein wand sich eine Blumengirlande. Gleißende Sonnenbündel stachen durch die Bäume und gaben der Szene etwas Traumhaftes.

»Dieser Ort hier strahlt wirklich Stille und Frieden aus, findest du nicht?« Emma nahm Robert bei der Hand und schaute sich um. Ein paar Meter weiter fanden sie, neben einem Baum, eine rote tönerne Eule. Sie war umgeben von ausgebleichten Treibholzstücken und farbigen Steinen.

»Wer das wohl gemacht hat, und warum?«

Robert, der ein paar Schritte voraus war, rief: »Komm hierher und schau dir das an!«

Zwischen den dicken Wurzeln einer Eiche stand ein Gartenzwerg, der mit Federn geschmückt und von roten, glattschimmernden Steinen umgeben war.

»Das ist ja ein Märchenwald. Wo ist der Hund?«

Robert richtete sich auf: »Rambo! Komm hierher, braver Hund, wo ist er denn?«

Der Dackel kam aus einer Gruppe von niedrigen Büschen angerannt, warf Robert eine grüne Leinentasche vor die Füße und wedelte aufgeregt mit dem Schwanz.

7. TAG

»Oh nein, was hast du jetzt schon wieder angeschleppt?«

Als Robert sich nach der Tasche bückte, kam eine Frau um die Vierzig aus dem Unterholz. Hinter ihr liefen zwei Jungs, die vielleicht 8 oder 9 Jahre alt waren: »Der da hat die Tasche gestohlen, Mama!«

Die Frau schaute erst Emma und Robert, dann den Dackel an: »Hat der mich erschreckt, der kleine Kerl. Im Wald nimmt man Hunde an die Leine, das sollten Sie doch wissen. Kann ich jetzt bitte meine Pilze wiederhaben?«

»Ja, entschuldigen Sie, ich wollte gerade, ... da ist er mir ...«

»Schon gut.« Sie nahm den Leinenbeutel auf, und Emma sagte: »Das tut uns sehr leid, und auch, dass er Sie und die Kinder erschreckt hat.«

Die Frau lachte: »Halb so schlimm, ist ja nichts passiert.«

»Wer hat denn all die Kunstwerke gemacht, die man hier sieht?«

Unser Geheimtipp!
Märchenhafte Fundstücke rund um den romantischen Griessee. www.griessee.de

124

»Keine Ahnung, von meinen Bekannten weiß das auch keiner. Es verschwinden immer wieder mal welche, und dann kommen wieder neue dazu. Der Buddha steht aber schon sehr lange hier. Der Wald bringt Glück, sagt mein Mann immer. Und außerdem gibt es hier viele Pilze. So, jetzt muss ich aber wieder weiter.«

»Wo ist denn bitte die Badestelle am Griesssee? Das Boothaus?«

Die Frau streckte den Arm: »Halten Sie sich da vorne rechts, dann kommen Sie ans Seeufer. Gleich wieder rechts, dann sind Sie direkt da. Das Wasser ist sehr angenehm warm.«

Die Frau und ihre Kinder gingen, Robert leinte den Hund an, und die Drei wanderten durch den Zauberwald zum See.

Der Pfad am Ufer führte an Schilfzonen und üppigen Blumenwiesen vorbei zum Badeplatz. Auf dem Steg vor dem Bootshaus saßen zwei Männer in Badehosen. Im See, in der Nähe der vielen Seerosen, schwammen Kinder.

7. TAG

Emma nahm Robert den Rucksack ab: »So, und jetzt gehts ab ins Wasser. Obwohl es hier so traumhaft ist, dass man sich einfach nur hinsetzen sollte, um das alles in sich aufzunehmen. Dieser Wald und der See sind wirklich ein weiterer Geheimtipp.«

Was denn, wo denn, wie noch mal?

Seite 109 Sterntaler Filzen Tel. +49 (0)8066 8870
www.bad-feilnbach.de/de/moorerlebnis-sterntaler-filze-1

Seite 110 Wasser- und Naturerlebnis Jenbachparadies
Tel. +49 (0)8066 88781
www.bad-feilnbach.de/de/paedagogisches-begleitkonzept

Seite 110 Chiemgauer Lokalbahn
Tel. +49 (0)151 2020 7626 · www.leo-online.org

Was denn, wo denn, wie noch mal?

Seite 110 Gasthof Zur schönen Aussicht
Tel. +49 (0)8055 483 www.gasthaus-gehrlein.de

Seite 110 Größter Fanclub FC Bayern
Tel. +49 (0)8055 483 www.13hoeslwanger.de

Seite 110 Seeoner Seenplatte www.seen.de/seeoner-seen

Seite 111 Eggstätt-Hemhofer Seenplatte www.eiszeitseen.de

Seite 111 Via Julia www.viajulia.de

Seite 111 Hartsee in Eggstätt
Tel. +49 (0)8056 904619 www.eggstaett.de

Seite 113 Gasthof Weißbräu
Tel. +49 (0)8056 351 · www.weissbraeu-bachham.de

Seite 113 Bootsverleih, Minigolf, Beachvolleyplatz
am Hartsee www.hartseestueberl.de

Seite 113 Schloss Hartmansberg
www.lkr-kultur.de/hartmannsberg.html

Seite 114 Schlosssee
https://de.wikipedia.org/wiki/Schloßsee_(Bad_Endorf)

Seite 114 Hochseil-Klettergarten
Tel. +49 (0)8665 928899 www.hochseilgarten-pelham.de

Seite 118 Pellhamer See
Tel. +49 (0)8053 7999303 · www.lebensart-am-see.com

Seite 118 s'kleine Wirtshaus
Tel. +49 (0)8056 454 · www.s-kleine-wirtshaus.de

Seite 118 Hilgerhof www.hilgerhof.de Tel. +49 (0)8624 2143

Seite 119 Kloster Seeon
www.kloster-seeon.de Tel. +49 (0)8624 8970

Seite 119 Griessee www.griessee.de Tel. +49 (0)8624 2280

Seite 120 Café Leuchtenberg
Tel. +49 (0)8624 8798957 · www.leuchtenberg-seeon.de

Seite 122 Rauchhaus Seeon
Tel. +49 (0)8624 829922 www.rauchhaus-seeon.de

Der schnelle Weg zu allen Links:
www.chiemgauerverlagshaus.de

Kaiserschmarrn + Kampenwand

Es war schon gegen elf Uhr, als der Passat der Grammels aus dem Aschauer Kreisverkehr in die Bahnhofstraße einbog. Nach ein paar Metern beugte sich Emma zu Robert und zeigte auf eine Buchhandlung: »Das da drüben, das «Buch & Café«, das ist eine Mischung aus Café und Buchhandlung. Man kann sitzen und was trinken und in den neuesten Büchern schmökern. Da möchte ich mal reinschauen, wenn das Wetter nicht so schön ist.«

Robert nickte: »Gut. Kann ich dann bitte mein Handy wiederhaben? Mit wem hast du vorhin so lange telefoniert?«

»Na, heute ist doch dein Geburtstag. Ich hab eine Überraschung, aber noch wird nichts verraten.«

»Ah ja. Lass mich raten: Wahrscheinlich werden wir die mehr als *80 Bankerl abwandern*, oder? Mich würde die ›Zamperl-Bank‹, die ›Schoassdromme-Bank‹ und die ›Tod- und Deifi-Bank‹ interessieren.«

Emma schüttelte lächelnd den Kopf: »Kalt, ganz kalt. Rate weiter.«

»Willst du mit mir zur *Greifvogelschau*? Die ist bei der Burg Hohenaschau, dort machen sie Flugvorführungen mit den Falken. Ist es das?«

Unser Geheimtipp!
Flugschau mit Falken,
Adlern und Geiern in
Hohenaschau www.falknerei-burghohenaschau.de

»Jetzt bist du schon nahe dran. Aber das ist es auch nicht. Willst du noch mal raten?«

»Wir sind vor einer Minute an dieser Cocktailbar vorbeigefahren, ›*Chalet*‹. Da stand ein Schild, dass die 110 verschieden Cocktails machen. Feiern wir dort?«

»Nein. Wir fahren jetzt, wie besprochen, mit der Gondel auf die **Kampenwand**, und dann sehen wir weiter.«

Auf dem Parkplatz der Talstation war reger Betrieb. Man sah Kletterfans und einige Mountainbiker, die ihre futuristisch aussehenden Fahrräder von Autos luden, und Familien mit und ohne Kinder.

Robert schloss den Wagen ab: »Kein anderer Hund weit und breit. Das ist gut, denn der Rambo ist heute etwas übellaunig.«

Schon die Fahrt mit der Vierergondel der Nummer 34, war ein Erlebnis. Ihnen gegenüber saß ein Paar, das sich nicht einig werden konnte, welchen der **Kampenwandwanderwege** man gleich nehmen würde. Die Gondel fuhr schwankend aus der Talstation, und Rambo, der auf Roberts Schoss lag, knurrte leise.

»War das der Hund?«, fragte der Mann, und Robert schüttelte den Kopf: »Mein Magen. Gondeln beunruhigen ihn immer etwas.«

»Da brauchen Sie keine Bedenken zu haben. Ich kenne mich da aus. Diese Bergbahn gibt es zwar schon seit 1957, und es ist so ziemlich die letzte deutsche Zweiseilumlaufbahn mit Originalgondeln im Alpenbereich, aber absolut sicher, jedoch wird auch dieses Bahn schon bald erneuert. Ich weiß, wovon ich spreche.«

»Ach ja?«

An der ersten Stütze ging ein Ruckeln durch die Gondel, und der Mann hielt sich fest und sprach weiter: »Die Brauneckbahn hatte dieselben Gondeln. Die Wallbergbahn sogar noch ältere. Diese Gondel hier braucht übrigens exakt 14 Minuten und dreißig Sekunden, um uns vom Talort in die 1467 Meter hochgelegene Bergstation zu bringen. Erstaunlich, nicht wahr? «

»Sind Sie Ingenieur?« Robert, der keinerlei Interesse an einer Unterhaltung hatte, schaute aus dem Fenster und genoss den Blick auf das Priental.

»Nein, ich bin im Modellbauverein Großenbüttel. Im Vorstand genauer gesagt. Mein Name ist Hoppling. Wir bauen Seilbahnen in Modelleisenbahnlandschaften.«

Die Gondeln hingen an den Stahlseilen wie Perlen an einer Kette. Schwankend bewegten sie sich durch eine Schneise in einem Waldgebiet, um gleich darauf wieder an blanken Felswänden vorbeizugleiten.

»Lass den Mann, Herbert, den interessiert dein Verein eher nicht. Also, welchen Wanderweg gehen wir heute? Ich möchte gerne wieder mal den Panoramaweg nehmen. Das wollte ich beim letzten Mal schon. Aber du nicht.«

Emma streichelte den Hund: »Wir sind zum ersten Mal hier oben. Wie ist denn der **Panoramaweg**?«

»Oh«, sagte die Frau, »der ist sehr schön. Sie gehen vorbei an der **Sonnenalm** und kommen nach einem kurzen Anstieg bis zum Andachtskreuz hoch. Von dort aus haben Sie einen hinreißenden Blick ins Priental und auf den Chiemsee. Dann wandern Sie auf dem fast ebenen Weg durch blumenbunte Almwiesen bis zum östlichen Ende des Kampenwandmassivs zur **Steinlingalm**. Die ganze Zeit über haben Sie einen fantastischen Blick ins Tal, wirklich faszinierend. Unterwegs sind Sie ca. 2 Stunden.«

Der Mann schüttelte den Kopf: »Nein, ich will heute die Tour über die Hofbauernalm über die hintere Dalsenalm, über Klausgraben und Hainbach runter in die Talstation machen.«

»Ja, aber da gehen wir fast 5 Stunden.«

Der Mann nickte: »Schon, aber ich finde, das ist die abwechslungsreichste Tour. Weil man viel sieht, und an der

129

Almruine sind vielleicht wieder Murmeltiere. Außerdem gefällt mir der Wildbach mit seinen Fällen und Gumpen.«

Die Frau blickte störrisch aus dem Fenster: »Gut, dann schließen wir einen Kompromiss und gehen zum Ostgipfel.«

»Ostgipfel! Ha!« Der Mann lachte höhnisch auf: »Mit diesem Schuhwerk? Außerdem erzählst du mir immer, dass du nicht schwindelfrei bist, und das sollte man auf dieser Tour schon sein, meine Liebe. Willst du mit den Sportschuhen, die du anhast, in die Schlechinger Scharte steigen? Oder den letzten Felsen begehen, den man vor dem Gipfelkreuz mithilfe des Stahlseils umrundet, ja?«

»Aber von dort hat man den besten Rundumblick auf das **Priental** und die Zentralalpen. Wir haben das doch vor ein paar Jahren schon einmal gemacht, hast du das vergessen?«

Der Mann tätschelte gönnerhaft das Knie seiner Frau und schaute Robert dabei an: »Das war kurz nach unserer Hochzeit, mein Gemslein. Da waren wir jung und fit. Heute sind wir nur noch «und«, oder was meinst du?«

»Nenn mich nicht Gemslein, du alter Steinbock.«

Dann herrschte eisige Stille. Die Frau schaute beleidigt aus dem Fenster, während Hoppling in einem Reiseführer blätterte. Nach ein paar Minuten sagte er: »Wie dem auch sei, niemand kann so lustig schweigen wie du, Schatz.«

Frau Hoppling schnaubte, die Gondel fuhr schwankend in die Bergstation ein, die Türe wurde geöffnet und Robert sagte im Aufstehen: »Wenn Sie uns jetzt entschuldigen wollen? Wir wünschen Ihnen noch einen ereignisreichen Tag auf dem Berg. Auf Wiedersehen.«

Kaum hatten die Grammels nebst Hund die Gipfelstation verlassen, bot sich ihnen im Sattel zwischen

Scheibenwand und dem Kampenwandmassiv eine fantastische Aussicht. Im Südosten waren die Berchtesgadener Alpen wunderschön zu sehen, nach rechts kamen die Loferer Steinberge in Sicht. Und sogar der gut 80 Kilometer weit entfernte Großglockner war gut auszumachen.

»So einen Fernblick hat man hier oben nicht alle Tage, nicht wahr?« sagte ein älterer Herr, der langsam an ihnen vorbeimarschierte.

»Entschuldigen Sie, was ist denn das da hinten, ganz im Süden?« Emma zeigte auf ein paar weit entfernte Gipfel.

»Das ist das Kaisergebirge. Gehen Sie zur Sonnenalm rüber, wenn Sie mögen, da ist ein großes Fernglas auf der Terrasse. Schönen Tag noch.«

»Ihnen auch«, sagte Robert und ging in Richtung der Alm, während er Emma zu hypnotisieren versuchte: »Wollen wir schnell was trinken?«

»Später. Lass uns doch erst zum höchsten Punkt gehen, da zweigt man dann links vom Hauptweg ab, zum Kreuz, hab ich an der Tafel der Bergstation gelesen.«

Dort, am Kreuz, hatten sie einen grandiosen Blick nach Norden. Der Chiemsee und sein kleinerer Bruder, der **Simssee**, glitzerten in der Sonne. Hinter dem **Staffelstein**, einer sehr markanten Felsnadel im Westen, konnte man die Hütte der Steinlingalm erkennen.

Die Grammels standen fasziniert von der überwältigenden Natur, bis Rambo knurrte und sie wieder in die Wirklichkeit zurückholte.

Robert stupste Emma an, und sie kehrten auf den Hauptweg zurück. Robert zeigte zu den Wänden der Bergspitze: »Da sind Kletterer im Felsen, schau mal. Es führt auch ein Weg auf den Gipfel, aber das ist nichts für uns, glaube ich. Manchmal wünsche ich mir, dass ich ein Vogel wär. Natürlich nur für ein paar Stunden. Aber jetzt stell dir nur mal

8.
TAG

131

vor, man könnte über all das einfach hinweggleiten. Wäre das nicht ein Erlebnis?«

»Bevor du mir zu romantisch wirst, lade ich dich auf ein Bier auf der Terrasse der Sonnenalm ein, was meinst Du?«

»Super Idee. Schau dich mal um. Fällt dir auf, dass hier, oberhalb der Baumgrenze, eine ganz spezifische Alpenflora vorherrscht?«

»Ah, jetzt kommt der Herr Landschaftgärtner durch. Und warum ist das so?«

»Weil«, sagte Robert, »die Bodenbeschaffenheit und die klimatischen Bedingungen anders sind. Und es können sich hier in den Gipfeltälern an aneinandergrenzenden Hängen wegen der unterschiedlichen Sonneneinstrahlung völlig unterschiedliche Vegetationen bilden.«

»Sehr schön«, meinte Emma, »und wie macht sich das bemerkbar?«

Robert grinste: »Mal ganz einfach, für Laien: die **Alpenblumen** hier oben sind überwiegend in den Farben blau und lila, weiß, sowie gelb und orange vertreten. Soweit klar?«

»Ja.«

»Sehr gut. Blau und lila, das sind der Frühlingsenzian, die kugelige Teufelskralle und die Glockenblume. Orange und gelb sind der Hornklee da drüben, die Trollblume und der Hahnenfuß da vorne, sowie der Goldpippau.«

»Veräppelst du mich?«

»Nein, der heißt so. Weiß ist das Edelweiß. Da sehe ich jetzt aber keines. Aber da drüben, da sind Silberdisteln, siehst du? Natürlich macht auch die Bodenbeschaffenheit hier oben was aus. Das ist ein urzeitliches Gemisch aus Kalk und Dolomit, das die Basis für die **Pflanzenvielfalt** bildet.«

So stachelig wie Emma – aber auch so schön ;-)

Bei der Belohnung machts Kraxln Spass!

Mit der Gondel ruckeln wir schön gemütlich auf die Kampenwand

KAMPENWAND

44

8. TAG

Emma seufzte: »Schon gut, Herr Professor, du hast dir dein Bier verdient. Lass uns gehen!«

Auf der Terrasse der Sonnenalm fanden sie Platz an einem der Holztische direkt am Geländer, mit einem herrlichen Blick auf die Bergwelt. Die beiden Frauen gegenüber schoben ihnen die Speisekarte zu.

»So einen Heidelbeerkaiserschmarrn hätte ich jetzt gerne, auch wenn der nicht so recht zum Bier passt. Oder lieber den hier, hör dir das an: Karamellisierter Kaiserschmarrn mit Waldhonig.«, sagte Robert, aber Emma nahm ihm die Karte weg: »Nein, warte noch ein bisschen. Ich habe ja eine kleine Überraschung für dich, und den Schmarrn können wir ja auch später essen.«

Emma schaute auf ihre Uhr: »Trink dein Bier in aller Ruhe, und in einer Viertelstunde gehts los mit der Geburtstagsüberraschung, mehr verrate ich nicht.«

Sie bestaunten schweigend die Landschaft, dann sagte Robert: »Da drüben, an der Wiese bei der Bergstation, schau mal. Da sind Paraglider. Die starten von hier oben, siehst du das? Und dahinten, da sind welche in der Luft. Mann, muss das was Schönes sein. Ob ich sowas mal machen sollte, was meinst du?«

8. TAG

Unser Geheimtipp!
Paraglider Tandemflüge –
ein unvergessliches Erlebnis
www.tandemfliegenchiemgau.de

Emma lächelte: »Ja, mein Schatz, und zwar in einer Viertelstunde. Dann hast du nämlich eine Verabredung mit einem der Herren da drüben. Du fliegst in einem *Tandemflug*. Das ist der erste Teil meiner Geburtstagsüberraschung. Der zweite kommt später. Was sagst du jetzt?«

Robert trank einen langen Schluck von seinem Bier und schüttelte grinsend den Kopf: »Und was machen der Hund und du so lange?«

Emma schaute sich um: »Hier gibt es Liegestühle. Rambo und ich schauen dir beim Fliegen zu, und dann organisiere ich uns einen Liegestuhl mit Aussicht. Hier, nimm den Zettel. Bei dem Herrn meldest du dich, das ist dein Pilot. Der Flug dauert je nach Windverhältnissen 25 bis 60 Minuten. Ihr landet in Aschau beim Freibad, und man bringt dich anschließend wieder zur Talstation, du kommst mit der Gondel zu uns, und dann geht es weiter. So, und jetzt geh zur Wiese rüber. Viel Spaß!«

Robert küsste seine Frau, streichelte den Hund und marschierte zu den Tandemfliegern. Er hob seinen Zettel über den Kopf und schaute sich um. Ein großer, braunhaariger, schlanker Mann um die Vierzig kam auf ihn zu: »Bist du der Robert? Gut, ich bin der Sepp. Lass dich einmal anschauen.«

Sepp ging um Robert herum: »Feste Schuhe, Windjacke, Sonnenbrille, das passt alles. Heute ist es ja schön warm, ansonsten würde ich dir noch einen Flugoverall geben. Dann kanns ja losgehen. Dies hier ist der Startplatz. Das da neben uns ist der Schirm. Den legen wir jetzt zusammen aus. Pack mal da vorne an.«

Sie rollten den glänzenden, leichten Stoff aus, und Sepp ging um den Schirm herum und prüfte die Gurte: »Passt alles. So, jetzt legen wir dir dein Gurtzeug und den Fallschirm an. Setz schon mal den roten Helm auf.«

Sepp kniete sich vor Robert und zog die Gurte an seinem Körper fest. Dann legte er sein Geschirr um und befestigte es an dem Gleitschirm. Robert trat hinter Sepp, wurde eingehängt, dann gingen sie vor den Schirm.

8. TAG

»Ich zähle 3-2-1, dann beginnen wir mit dem Startlauf. Das ist kein Wettrennen, sondern wir traben locker los, ok?«

Robert nickte, Sepp zählte, und sie setzten sich in Bewegung. Schon nach wenigen Schritten hoben sie sanft vom Hang ab und glitten in die warme Luft.

Robert spürte ein unbeschreibliches Gefühl in sich aufsteigen. Er machte es sich in seinem Gurtzeug bequem und schaute sich um. Sie flogen! So musste sich ein Vogel fühlen. Lautlos glitten Felsen und Gipfel unter ihnen vorbei und der Schirm trug sie im Aufwind immer höher.

Sepp drehte den Kopf zur Seite und rief: »Ich hab eine Helmkamera und mache Fotos, die Chipkarte mit den Aufnahmen geb ich dir nach der Landung. Entspann dich und genieße den Flug. Wenn du was wissen willst, oder wenn ich was für dich anfliegen soll, sag es mir. Es ist dein Flug, Robert!«

»Kannst du noch höher gehen?«

Sepp nickte: »Wir haben guten Aufwind, kein Problem. Auf gehts.«

Rechts über ihnen flog ein weiteres Tandemgespann. Die Frau hinter dem Piloten winkte, und Robert winkte zurück. Rechts sah er den Chiemsee, die Wälder und Weiler, die Bauernhöfe und die kleinen Dörfer. Autos, klein wie Ameisen, krochen über die Straßen. Es sah aus wie eine gigantische Spielzeuglandschaft.

Sepp legte den Schirm in Seitenlage, sie flogen einen Halbkreis und umrundeten wenig später das Gipfelkreuz der Kampenwand.

»Heute ist eine wunderbare Thermik. Willst du nochmal um das Kreuz?«, rief Sepp.

»Kannst du über die Terrasse der Sonnenalm fliegen? Da ist meine Frau.«

Sepp nickte und zog an den Leinen. Wenig später waren sie ca. 50 Meter über der Alm, und Robert schaute nach unten und sah Emma und den Hund. Sie hatte eine Hand an der Sonnenbrille und sah zu ihm hoch. Robert winkte mit beiden Armen wie ein Albatros, und Emma winkte zurück.

»So, jetzt fliegen wir ein bisserl weg vom Berg.«

Robert genoss das einmalige Gefühl der Schwerelosigkeit und schaute entspannt in das grüne Priental.

»Es gibt auch Pärchentandemflüge, wenn du sowas zusammen mit deiner Frau mal machen möchtest.«

»Wir haben einen Hund, einen Dackel.«

»Für den ist das eher nichts, glaube ich. Ich hab jedenfalls noch nie einen Hund mit dabei gehabt«, rief Sepp: »Schau mal, das unten ist die Burg Hohenaschau, da hinten siehst du das **Freilufttheater**, wenn du nach links schaust, erblickst du **Sachrang**. Wir gehen jetzt noch höher.«

Unser Geheimtipp!
Theater mit Picknick-
korb und Decke –
für Jung und Alt
www.im-park.org

8. TAG

Robert schloss die Augen und genoss das Gefühl, wie von Geisterhänden durch die Luft getragen zu werden. Plötzlich fiel ihm ein Traum wieder ein, den er seit seiner Kindheit immer wieder hatte, und der sich leider viel zu selten in seinen Schlaf schlich: Er stand auf dem Gipfel eines Berges und schaute auf ein Land wie dieses hier, das grün war, übersät mit vielen Seen, Bergen und Dörfern, Städten und Burgen. Sein Blick ging vom Bergesgipfel aus weit in die Ferne. Dann breitete er die Arme aus, streckte sich und schwebte in die Luft. Er konnte fliegen wie ein Vogel. Er umrundete das Felsenmassiv, flog zu den Seen, segelte tief über blumensatte, saftige Wiesen und sprach mit den Tieren, die er sah.

Alle Tiere und Menschen waren freundlich, lachten ihm zu, und die Tiere kannten ihn und riefen seinen Namen. Er flog in eine kleine Siedlung mit einem Brunnen auf dem Marktplatz. Dort landete er, eine Frau kam und reichte ihm einen Metallbecher mit Wasser. Sie kannte ihn, und fragte, warum er so lange weg war. Robert öffnete den Mund, um ihr zu antworten, dann erwachte er. So endete der Traum immer. Als Kind hatte er die Augen schnell wieder zusammengepresst, aber der Ort, der Brunnen und die Frau waren weg.

»Ist alles in Ordnung mit dir?« Die Stimme des Piloten riss ihn aus seinen Träumen, und er öffnete die Augen: »Ja, warum?«

Sepp grinste über die Schulter: »Na ja, ich dreh mich um, und du hängst in deinem Gurt, hast die Augen zu, den Kopf nach hinten gelegt und die Arme von dir gestreckt wie ein Geier. Ist dir übel?«

Robert schüttelte den Kopf: »So gut war mir selten in meinem Leben. Wo sind wir?«

»Ich bin ein paar Kilometer in Richtung Grassau geflogen. Das da vorne unten am Berg, das ist die Schnappenkirche. Wir drehen gleich rechts ab, denn ich will versuchen, durch die kleine Wolkenformation da oben zu kommen.«

Sie schwebten kurz darauf sogar über der weißen, watteartigen Decke, und Robert summte ein paar Takte des Reinhard-Mey-Songs »...über den Wolken«.

Sepp rief: »Da hinten ist ein Adler. Siehst du ihn?«

Robert starrte in die Richtung, in die Sepps Arm zeigte, aber er sah nichts.

Sepp sagte über die Schulter: »Unterhalten sich zwei Adler: ›Was hältst du von diesen bunten Stoffvögeln, Kollege? Das sind doch im Gegensatz zu uns ganz miserable

138

Flieger, oder?‹ Sagt der andere: ›Kann sein. Aber immer, wenn man sie sieht, haben sie einen ordentlichen Batzen fette Beute in den Krallen!‹«

»Ist das Gleitschirmfliegen eigentlich gefährlich?« Robert schaute nach unten.

»Das Fliegen an und für sich nicht. Nur das Abstürzen. Weil wir grade davon reden: Wir fliegen jetzt zurück nach Aschau und landen dort auf der Wiese neben dem Freibad. Wir landen gegen den Wind. Wenn ich zu laufen anfange, lauf einfach mit, dann passt das schon.«

»Sonst noch was zu beachten?«

»Nein. Das wichtigste ist der Windsack. ›Schaust du dem Windsack ins Maul, dann ist was faul. Schaust du ihm aufs Hinterteil, dann bleiben deine Knochen heil.‹ Entspann dich, Robert, das Landen ist ganz easy. Geniess den Rückflug!«

Und das tat er. Robert versuchte all das, was unter ihm vorüberglitt, in sich aufzunehmen und zu speichern. Sie flogen, immer tiefer gehend, auf das Schloß Hohenaschau zu, und Robert genoss einen letzten, traumhaften Blick in das Priental. Dann setzte Sepp mit dem Positionskreisen an, bis er die richtige Höhe für den Endanflug hatte.

8. TAG

»Aufrecht sitzen und laufbereit«, rief Sepp, und Robert brüllte: »Ayay, Sir. Alle Mann an Deck!«

Die Wiese kam schnell und flach auf sie zu, Sepp setzte die Füße auf und lief, kurz darauf hatte Robert Bodenkontakt.

Sie kamen zum Stillstand, Sepp klinkte Robert aus, und zusammen rafften sie den Schirm auf einen Haufen. Von einem der Kombis am Wiesenrand kam ein junger Mann auf sie zu. Sepp winkte und zeigte auf Robert: »Fahr den Herrn zur Talstation, der fliegt noch mal alleine.«

Dann klopfte er Robert auf die Schulter: »Hast dich gut gehalten. Ich wünsch dir und deiner netten Frau alles Gute, vielleicht sehen wir uns ja mal wieder. Servus!«

»Vielleicht fliegen wir mal zu dritt, wer weiß. Aber nur, wenn mein Dackel mitdarf! Danke, es war ein Wahnsinnserlebnis.«

Wieder zurück auf der Sonnenalm nahm Robert seine Emma in die Arme und flüsterte ihr ins Ohr: »Danke!« Der Hund bellte, Robert nahm ihn hoch, und so standen sie zu dritt, sich umarmend, auf der Terrasse bis die Bedienung kam: »Darfs noch was sein für Sie?«

Robert lachte: »Nein, danke. Ich habe alles, was ich brauche.« Und zu Emma: »Und jetzt? Fahren wir mit der Gondel runter?«

Emma schüttelte den Kopf: »Jetzt kommt Teil zwei der Geburtstagsüberraschung. Wir machen uns an den Abstieg. Schau mal auf dein Handy, da hab ich die Koordinaten für unser nächstes Ziel schon eingegeben.«

Robert fischte das Telefon aus der Tasche und klickte sich durch das Menü: »Das hier? ›47', 46'26.‹ ›N 12'21'18.6E‹? Was ist das?«

Emma nickte: »Überraschung, Teil zwei. Dann lass uns mal gehen. Dort wartet man schon auf uns.«

Sie machten sich an den Abstieg, der Hund fröhlich bellend vorneweg, dann Emma, und Robert hinter den beiden redete wie ein Wasserfall über seinen Flug. Wie im Flug verging auch die Wanderung bis zur **Maisalm**, dem Zielpunkt der Koordinaten.

Unser Geheimtipp!
Klein und urgemütlich:
Die Maisalm
Tel.: +49 (0)8034-6079203

Eine kleine, aber feine urige Almhütte mit einem Biergarten und einem Fahnenmast, auf dem weithin sichtbar die bayerische Flagge im Wind tanzte.

Ein Teil einer Bank war für sie reserviert, Robert und der Hund machten es sich gemütlich, während Emma ins Haus ging und gleich darauf mit einer Bedienung wiederkam: »Was möchtest du zu deinem Kaiserschmarrn, mein Lieber? Bier, Wein, was?«

Robert bestellte eine Flasche Weißwein und Wasser für den Hund. Hinter den waldbedeckten Hügeln nahe der Alm ging die Sonne langsam unter. An einem der Tische spielte ein Mann auf einem Akkordeon. Menschen lachten, Gläser klirrten und Robert nahm seine Emma in den Arm: »Das ist der schönste Geburtstag, den ich je hatte. Danke!«

Nach ein paar Minuten kamen der Wirt und die Bedienung an den Tisch und brachten eine große, schwarze gusseiserne Pfanne, in der ein köstlich duftender Kaiserschmarrn bruzzelte.

»Ihr essts ja eh gleich aus der Pfanne, oder? Hier ist euer Besteck, lasst es euch schmecken«, sagte der Wirt und schenkte Wein nach: »Herzlich willkommen im Kaiserschmarrnparadies.«

Robert küsste seine Frau und sagte: »Herzlich willkommen im siebten Himmel. Bin ich froh, dass ich euch beide habe. Was für ein Urlaub!«

8.
TAG

Was denn, wo denn, wie noch mal?

Seite 127 Bankerlwanderung   Tel.: +49 (0)8052-90490
www.aschau.de/de/entschleunigungsweg

Seite 127 Greifvogelschau   Tel.: +49 (0)8052-951691
www.falknerei-burghohenaschau.de

Seite 127 Chalet Cocktailbar
Tel.: +49 (0)8052-2900 • www.chalet-aschau.de

Seite 128 Kampenwand
Tel.: +49 (0)8052-4411 • www.kampenwand.de

Seite 129 Sonnenalm • www.kampenwand.de

Seite 129 Steinlingalm
Tel.: +49 (0)8052-2962 • www.steinlingalm.de

Seite 130 Priental • www.chiemgau-wandern.de

Seite 131 Scheibenwand
www.hoehenrausch.de/berge/scheibenwand

Seite 131 Simssee
Tel.: +49 (0)8036-315 • www.simssee.org

Seite 131 Staffelstein • www.roberge.de

Seite 132 Alpenblumen • www.alpenblumen.net

Seite 134 Paraglider Tandemflüge
Tel.: +49 (0)8051-964324 www.tandemfliegenchiemgau.de

Seite 137 Freilufttheater im Park www.im-park.org

Seite 140 Maisalm
Tel.: +49 (0)8034-6079203 • www.mais-alm.de

Der schnelle Weg zu allen Links:
www.chiemgauerverlagshaus.de

Vom Weitsee bis zum Glapflhof

Robert schloss mit der Rechten das Ferienhaus ab, gab Emma mit der linken Hand den Rucksack und hatte sich das Handy zwischen Kopf und Schulter geklemmt: »Aha, und wie finde ich da hin? Was? Ja, hab ich verstanden. Danke Alfons. Und wir sehen uns um halb eins bei der **Windbeutelgräfin**, alles klar. Ich freu mich, bis später. Servus.«

Emma und der Hund gingen zum Auto, während Roberts Telefon wieder summte: »Ja, hast du was vergessen, Alfons? Wie? Ach du bist es, Bennie. Du, das ist jetzt ganz schlecht, weil wir auf dem Weg nach Ruhpolding sind. Was? Ok, aber machs kurz.«

Robert legte eine Hand auf den Apparat und sagte zu Emma: »Setzt euch schon mal ins Auto, ich komm gleich.« Dann ging er zurück zum Haus, stellte sich an die Holzbank, hielt das Gerät ans Ohr und nickte.

Emma schaute auf den See und machte ein paar Schritte auf die Apfelbäume zu. Hinter einem Stamm lugte die Katze der Vermieterin hervor, Rambo sah sie und stürzte aufjaulend und zähnefletschend auf sie los. Die Katze kletterte angsterfüllt blitzschnell den Baum hoch, Rambo hüpfte am Stamm rauf und runter, bellte und knurrte.

Emma ging schnell zum Baum und versuchte, den Hund einzufangen. Die Katze, die auf einem der unteren Äste balancierte, spähte zu ihnen herunter, verlor das Gleichgewicht und fiel auf den Hund. Der heulte laut auf und rannte davon. Die verwirrte Katze schaute ihm hinterher, und just in diesem Moment kam die Fanny um die Ecke: »Warum rennt denn Ihr Hund so panisch durch die Gegend? Und

**9.
TAG**

143

was macht unsere Katze hier? Hat er sie etwa schon wieder gejagt?«

Emma streichelte die Katze: »Dann würde er ja wohl jetzt in die falsche Richtung rennen. Vermutlich war es so: Die Katze saß auf dem Baum, hat das Gleichgewicht verloren und ist abgestürzt. Unser Rambo hat das gesehen und wollte sie wahrscheinlich auffangen, aber sie ist ihm voll auf den Rücken gefallen, das habe ich gesehen. Der tut ihm jetzt wahrscheinlich weh.«

Fanny schaute sich um: »Mein Gott, das ist ja schlimm. Der arme kleine Rambo. Wenn Sie heute Abend zurückkommen, dann kriegt er ein Wienerle von mir. Der ist ja ein richtiger Held, der Kleine. Was hab ich mich nur in dem getäuscht. Wo gehts denn heute hin?«

»Ein ehemaliger Arbeitskollege meines Mannes ist nach seinem Eintritt in den Ruhestand nach Ruhpolding gezogen. Den haben wir gestern angerufen, und heute treffen wir uns mit ihm. Er lebt schon einige Jahre hier und kennt bestimmt ein paar interessante Orte, die wir uns ansehen können.«

»Das klingt doch gut. Dann wünsche ich Ihnen viel Spaß, wo ist denn nun unser heldenhafter kleiner Dackel?«

Rambo saß neben dem Misthaufen bei der Scheune und beknurrte den Hahn, der ihn von oben misstrauisch beobachtete.

»Da ist er ja«, sagte die Fanny, »ich glaube, mittlerweile kommt er mit allen Tieren hier auf dem Hof gut aus.«

Emma nahm den Hund hoch und ging zurück zum Auto, in dem Robert schon saß und den Motor anließ.

»Was wollte denn der Bennie Kuhlmann?«

»Der? Mich nerven. Er wollte wissen, ob wir uns nächste Woche zuhause treffen können, dann würde er uns seine Urlaubsfotos zeigen.«

»Du kannst ihm ja die deinigen von dem Tandemflug hinlegen. Hast du ihm davon erzählt?«

Robert nickte verdrossen: »Ja. Und was meinst du, was er drauf gesagt hat? Eine halbe Stunde in der Luft, das sei ja garnix. Er ist mal mit einem Gleitschirm von hier aus über die Alpen gesegelt, hätte sich in Italien Käse und Wein gekauft, und wäre dann wieder zurückgeflogen. Ist das vielleicht ein Spinner? Ich hab ihn gefragt, ob er an dem Tag Blähungen gehabt hat, dass es ihn bis über die Alpenkette getragen hat. Da war er eingeschnappt.«

Emma grinste: »Und was hat der Wildmoser Alfons gemeint?«

»Mit dem treffen wir uns mittags. Vormittags sollen wir uns eine **Glockenschmiede** anschauen, schlug er vor, das wär ein echter Geheimtipp.«

Unser Geheimtipp! bis 1955 wurden hier Kuhglocken geschmiedet. Jetzt ein Museum. www.museum-glockenschmiede.de

»Na dann los! Was macht der Alfons eigentlich den lieben langen Tag? Ich dachte, der ist doch kein Rentner, der daheim rumsitzt.«

Robert schaute in den Rückspiegel und lenkte den Wagen auf die Überholspur: »Der Wildmoser war ja bei uns für den Fuhrpark zuständig. Er war schon immer ein Schrauber und Bastler. Jetzt arbeitet er ein paar Tage in der Woche im **Schnauferlstall** in Ruhpolding, hat er mir erzählt.«

»Was ist das?«

»Ein kleines Museum für alte Motorräder und Motoren. Im Moment haben sie da mehr als 50 alte Knatterkisten, ab Baujahr 1922, hat er gesagt. Und natürlich Blechmodelle, alte Schilder und so weiter. Heute ist er bis Mittag im Museum, und dann hat er Zeit für uns. Wenn wir möchten, fährt er nachmittags mit uns durch die Gegend und zeigt

9. TAG

uns ein paar schöne Sachen. Er weiß ja, dass du dich für kirchliche Kunst interessierst. Da kennt er wohl ein oder zwei Kapellen, die dir gefallen werden.«

Bei Siegsdorf verließen sie die Autobahn und fuhren in Richtung Ruhpolding.

Die Glockenschmiede am Thoraubach im Brander Tal war ein einstöckiges, weißgestrichenes Gebäude mit einem hölzernen Anbau, dem man sein Alter ansah.

Robert kramte nach Geld für den Eintritt, und gleich darauf standen sie in einem Raum, der von einem mächtigen offenen Kamin und drei großen Schlaghämmern beherrscht wurde.

Vor der Feuerstelle stand ein Mann, der zu einer kleinen Gruppe von Urlaubern sprach: »Seit 1763 wurden hier Kuhglocken hergestellt. Die Hammerschmiede war aber auch bekannt für ihre Werkzeuge für die Landwirtschaft. Die Strohmesser der Schmiedemeister waren in ganz Bayern begehrt. Die Schmiede, Schleifer und Stielmacher lebten hier alle unter einem Dach und aßen an einem Tisch. Die Arbeit war hart, und die Schmiede und ihre Helfer starben im Schnitt 12 Jahre eher als die Bauern in der Umgebung. Der letzte Waffen- und Hammerschmied verstarb 1960. Wir sehen uns gleich noch die Hammerschmiede, den alten Blasebalg und die Nebengebäude näher an.«

Der Hund wurde auf Roberts Arm unruhig, und die Grammels gingen ins Freie.

»Allerhand. Wir können hier noch ein bisschen wandern, aber so langsam bekomme ich Hunger. Lass uns mal zum Treffpunkt fahren, der Wildmoser legt ja Wert auf Pünktlichkeit.«

Die »Windbeutelgräfin« entpuppte sich als schmucker alter Bauernhof. In einer der gewölbeartigen Stuben hingen Hunderte von alten Kaffe- und Teekannen von der Decke, ein weiterer Raum war mit historischen Malereien und alten Bildern geschmückt. Ein Gastraum war holzvertäfelt, an den Wänden hingen Bilder des Kaisers, und den Alfons Wildmoser fanden sie in einer Ecke an einem urigen Bauerntisch, an den Wänden Zithern und Geweihe.

Er stand auf, gab Emma die Hand und sagte: »Guad schaust aus. Du hast di überhaupt ned verändert.«

Robert grinste: »Alter Schmeichler. Gibts hier ein gutes Bier?«

Sie setzten sich. Der Alfons zeigte auf sein Glas, nickte und winkte der Bedienung. Robert schaute sich um: »Das ist ja alles ziemlich antik hier.«

Alfons nickte: »Der Mühlbauernhof wurde 1553 erstmals in einer Chronik erwähnt. Um 1750 rum ließ der Salzburger Erzbischof Firmian die großen Malereien an der Vorderfront anbringen. Das Haus ist einer der größten Einfirsthöfe des Chiemgaus. Um 1800 wurden hier vorübergehend Soldaten und Offiziere von Napoleon einquartiert. Die Windbeutel gibt es aber erst seit den 70er-Jahren. Seitdem wurden mehr als Zweieinhalbmillionen von denen serviert und gegessen. Der Hit ist der Lohengrin-Beutel.«

Die Bedienung stand am Tisch, Robert bestellte dreimal Lohengrin, für Emma einen kleinen Weißwein, und schaute den Alfons an: »Für uns ein Bier?«

»Ja freili, der Ritter Lohengrin ist ja in seinem kleinen Boot von dem Schwan nicht durch die Wüste gezogen worden, sondern über einen See. So ein Windbeutel, der muss schwimmen.«

Während des Essens schaute sich Robert im Raum um: »Ganz schön was los. Und, was hast du dir für uns überlegt?«

»Wir schauen uns zwei kleine Kirchen an, dann gehts ab in die Natur.«

Robert nickte und hob sein Glas: »Auf einen schönen Nachmittag!«

Draußen auf dem Parkplatz zeigte Alfons auf einen älteren VW-Bus mit einer braun-weißen, matten Lackierung: »Der da drüben ist meiner. Ein Original T-3-Camper, den hab ich vor drei Jahren, mit 30.000 Kilometern auf dem Tacho, gekauft.«

»Was willst du mit einem Camper? Du hast doch eine Wohnung, oder?« Robert ging zu dem Bus und schaute in das Innere. Im hinteren Drittel sah man ein Bett, hinter dem Beifahrersitz war noch ein Einzelsitz eingebaut, den man drehen konnte, denn dahinter stand ein kleiner Tisch. An der Seitenwand waren mit Holzfolie beklebte Schränke.

Alfons grinste: »Na ja, wenn ich im Schnauferlstall bis in die Nacht hinein schraube und dabei das eine oder andere Bier getrunken habe, dann fahr ich natürlich nicht mehr heim. In dem Bus kann man sehr gut schlafen. Und ich mache gerne Touren in die Berge oder nach Italien rüber. Fahrt doch bei mir mit, ich kenn mich hier aus, und ihr könnt euch entspannt die Landschaft ansehen. Robert, du gehst nach hinten, Emma, wenn du hier einsteigen willst?«

»Wo soll der Hund hin?« fragte sie, und Alfons meinte: »Der kann es sich auf dem Bett bequem machen.«

Während Robert noch den Sicherheitsgurt suchte, startete Alfons den Bulli, und der Dieselmotor brummte laut nagelnd auf.

Ein paar Minuten später stieg Alfons aus dem Auto und öffnete die Tür an der Beifahrerseite für Emma: »Bitte sehr, meine Dame. Das ist das **Kirchlein St. Valentin**. Man vermutet, dass an genau dieser Stelle vor langer Zeit eine germanische Thingstelle war.«

Robert schaute sich um: »Wo?«

Alfons zeigte auf eine der mächtigen Linden: »Da drüben. Siehst du die Steinbänke dort? Das könnten die Schöffenbänke gewesen sein, und die Säulen, das waren vielleicht die Erinnerungsmale an den Hinrichtungsort. Das sind Vermutungen, es gibt natürlich Historiker, die sagen, dass das Sitze für Wallfahrer gewesen sind, und die Säulen erst später hinzukamen. Als ›Marterl‹ für verunglückte Holzfäller vielleicht. So genau weiß das keiner. Aber lass uns mal reingehen. Das Netzgewölbe, der gotische Chor und die Fresken werden euch beeindrucken. Die Kirche ist das älteste Bauwerk in Ruhpolding. Im Jahre 1200 wurde sie im romanischen Stil errichtet, und mit Fresken ausgestattet.«

Im Inneren der Kirche bestaunten sie den Altarschrein mit den Halbfresken, die Orgel und die Spitzbogendecke. Emma war in ihrem Element, während Robert dem Wildmoser ins Ohr flüsterte: »Ich geh mal raus und lass den Hund aus dem Auto.«

9. TAG

Nach ein paar Minuten kamen Alfons und Emma aus der Kirche. Robert, der auf einer der Steinbänke saß, erhob sich: »Die zweite Kirche, wie hieß die doch gleich?«

Alfons schaute Emma an: »Das ist das **Kirchlein Maria Schnee** in Urschlau. Es liegt in der Nähe der Urschlauer Achen. Maria Schnee ist eine frühbarocke Kirche mit einem Altar von 1667. Etwas schlichter als St. Valentin, aber sehr schön. Wenn ihr wollt ...?«

149

Emma blickte zu Robert, dann zu Alfons: »Jaja, hab schon kapiert. Wir gehen zum nächsten Punkt des Nachmittags. Was schlägst du vor?«

»Wir schauen uns das **Holzknechtmuseum** an, wenn ihr mögt, das ist nicht weit von hier, und dann zeig ich euch einen ganz besonderen Wasserfall.«

Das Museum bestand aus zwei gelbgestrichenen, zweistöckigen Häusern, ein paar hölzernen Schuppen und Anbauten und einem großen alten Wasserrad.

»Hier wurden ja immer große Mengen Holz geschlagen, die man zur Befeuerung der Salinen brauchte.« Alfons kurbelte das Seitenfenster herunter und zeigte auf eine niedrige Hütte: »In kleinen Hütten wie der da haben die Holzarbeiter gewohnt. Nicht gerade komfortabel. Wollt ihr in das Museum gehen, oder lieber zum Wasserfall?«

»Wasserfall«, sagte Robert.

»Gut, dann parken wir da hinten und marschieren los. Von hier aus geht man aber gut zwei Stunden. Wenn wir Räder hätten, dann könnten wir mit denen bis zum Ende der Forststraße fahren und dann gehts noch eine halbe Stunde durch den Wald und zwischen den Felsen entlang. Eine außerordentliche Wanderung.«

9. TAG

»Wir haben aber keine Räder dabei, und zum Gehen ist es mir zu weit«, meinte Emma, »Da ist der Tag rum, bis wir wieder hier sind. Erzähl aber trotzdem, was hat es mit dem Wasserfall auf sich?«

Unser Geheimtipp!
Auf den Spuren der Schmuggler zum Staubfall, der sich 200 m in die Tiefe stürzt.
www.eiermuli.de/staubfall/staubfall.php

»Der **Staubfall** ist ein echtes Naturschauspiel. Der Fischbach fällt mit solcher Wucht die Felsen herunter, dass sich ein Teil des Wassers in zahllose feine Partikel

Sammelleidenschaft seit den 70ern. Gastraum bei der Windbeutelgräfin

Wer hat den schönsten Maibaum? Eine schöne bayerische Tradition

Fresken im Kirchlein St.Valentin

Davon kommt eine Flasche mit nachhause

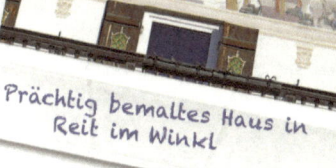

Prächtig bemaltes Haus in Reit im Winkl

auflöst, die wie Edelsteine schimmern. Und sie verteilen sich im Fall wie Staub, deshalb der Name ›Staubfall‹. Weit über 100 Meter schießt das Wasser die Felsen herab, und die Tropfen glitzern in allen Regenbogenfarben. Man kann außerdem unter und hinter dem Fall entlanggehen, das macht das Ganze sehr interessant. Hinter dem Fall ist auch schon gleich die deutsch-österreichische Grenze. Früher war das eine beliebte Schmugglerroute. Deswegen waren am Fall ständig Grenzsoldaten postiert.«

»Was wurde denn geschmuggelt?«, fragte Emma. Alfons blinzelte Robert zu und sagte: »An eine ziemlich alte Geschichte kann ich mich gut erinnern, die wird im Ort gerne erzählt. Pass auf: Da kam immer ein kräftiger Österreicher auf dem Weg unter dem Fall durch, mit einem großen Schubkarren, der voll mit Sand war. Jeden Mittwoch marschierte der Mann zu den Grenzsoldaten, die den Schubkarren durchsuchten und den Sand siebten, weil sie dachten, entweder schmuggelt der Rum oder Tabak. Aber sie fanden nie was und mussten den Mann mit seiner großen Schubkarre jedes Mal ziehen lassen. Nach einigen Jahren traf einer der Grenzer, der damals schon lange pensioniert war, den Österreicher in einer Kneipe im Dorf. Der ehemalige Zöllner sprach ihn an und sagte, ›Kollege, ich bin ja jetzt im Ruhestand, und du kommst auch schon lange nicht mehr mit deinem Sand unter dem Fall durch, wie ich höre. Jetzt kannst du mir ja sagen, was du jahrelang geschmuggelt hast, denn irgendwas muss es ja gewesen sein, oder?‹ Der Österreicher grinste und sagte: ›Schubkarren. Ich habe jede Menge neue Schubkarren geschmuggelt.‹«

Emma schaute erst Alfons, dann Robert an, und als beide Männer laut loslachten, gab sie dem Alfons einen Klaps auf die Schulter:

152

»Mach die Leinen los, du alter Schummler!«

Gemütlich fuhren sie auf der 305 in Richtung Reit im Winkl. Der Dackel räkelte sich genussvoll auf der Rückbank, Emma genoss den Ausblick: »Ist das nicht zauberhaft hier?« Alfons meinte: »Klar ist es das. Bleibt doch mal einen oder zwei Tage hier in der Gegend. Es gibt in Ruhpolding übrigens ein ganz nettes Hotel, in dem auch Hunde gerne gesehen sind. Es liegt am Taubensee und heißt auch so. Ich hab da mal Bekannte untergebracht, die einen Bernhardiner haben. Der hat sich gleich in den kleinen weißen Hund der Hotelchefin verliebt. Das Hotel liegt direkt am Fuß des Rauschbergs. Die haben dort einen großen Pool, eine mediterrane Liegewiese, man denkt, man wäre in Südtirol.«

»Aha, und was kann man da so alles machen?« Robert beugte sich vor, um besser mitzuhören.

»Da gibts den *Taubensee*«, sagte Alfons, »der liegt da wie ein Juwel in dem grünen Talkessel. Vom Hotel aus sind das nur ein paar Meter. Man kann baden oder um den See herumwandern. Direkt am Taubensee-Hotel gehts auf den *Rauschberg*. Der ist an die 1620 Meter hoch. Es gibt eine Gondelbahn, und oben, rund um den Gipfel, hat es schöne Wanderwege und eine herrliche Aussicht.«

9.
TAG

»Klingt gut«, meinte Robert, »was ist denn das für ein See, der da vorne links in Sicht kommt?«

»Das ist schon der Weitsee.« Alfons fuhr langsamer: »Ich finde, hier sieht es ein bisschen wie in Kanada aus, besonders im Herbst, da haben wir hier unseren eigenen ›Indian Summer‹, das solltet ihr mal erleben.

Unser Geheimtipp!
Seenwanderung; Weitsee, Mit-
tersee, Lödensee, Förchensee
www.bergwelten.com/t/w/12716

153

Eigentlich sind es drei langgezogene Talseen: **Weitsee, Lödensee** und **Förchensee**.«

Alfons bog auf den Parkplatz ein und stellte den Motor ab: »So, raus mit euch.«

Robert streckte sich und schaute sich um: »Für mich sieht das aus wie diese nordischen Fjordarme, die wir mal besucht haben. Emma, siehst du die Riedgraswiesen? Und die blauen Iris dazwischen? Wie in Skandinavien, nicht wahr?«

»Ihr solltet mal die Sonnenuntergänge hier sehen, das ist einfach unglaublich. Ich fahre manchmal hierher, setz mich mit einer Brotzeit und ein paar Bieren vor meinen Bus und schau der Sonne beim Einpacken zu. Das ganze Gebiet hier steht natürlich unter Naturschutz.«

Emma schaute sich um: »Aber da hinten baden doch Leute im See, oder?«

Alfons nickte: »Klar, das verträgt sich hier aber gut. Schau dich mal um: Kein einziges Verbotsschild in Sicht, kein Kiosk, kein Sprungbrett, und die paar Leute, die hier in das eiskalte Wasser steigen, die wissen, wie sie sich zu benehmen haben. Das Baden ist auch nur an manchen Stellen erlaubt. Der Weitsee ist ein Krötenlaichplatz, und im Frühjahr sind hier an die 40 000 Kröten unterwegs, dann ist die B 305 komplett gesperrt.«

Emma fragte: »Wo sind die Kröten jetzt?«

»Von denen siehst du nicht viel. Ich hab mal im Auto geschlafen, weil ich eine Halbe zu viel hatte. Frühmorgens hört man sie, dann aber ganz schön laut. Hier hab ich so manchen Tag verträumt und vertrödelt. Einfach entschleunigt. Im Winter ist es hier oben wie in Norwegen. Na, Robert, wo gehst du hin? Willst baden?«

»Nein, aber ich glaube, ich hab da hinten Prachtnelken und Schwalbenwurzenzian gesehen, das ist ja unglaublich!«

»Lass ihn laufen, der kommt schon wieder«, lachte Alfons: »Ich stelle uns ein paar Klappstühle auf, und dann lassen wir die Kraft der Natur auf uns wirken.«

Für den Hund kramte der Alfons ein altes blaues Kissen hervor und legte es neben einen der Stühle. Wohlig seufzend ließ er sich neben Emma in den Klappsessel sinken: »Wenn dein Mann heute noch mal mit der Nase aus den Pflanzen kommt, fahren wir nach Reit im Winkl. Das sind von hier aus nur ein paar Kilometer. Wollt ihr auf die Winklmoosalm?«

»Da waren wir vor Jahren schon mal. Was hast du noch anzubieten?«

Alfons kratzte sich am Kopf: »Dich könnte das **Sakrale Museum** interessieren. Das ist in einem Kirchenspeicher untergebracht, den man nur über den Glockenturm erreicht. Da gibts viel zu bestaunen: Heiligenfiguren, Votivtafeln, uralte Messegewänder und das sogenannte ›heilige Grab‹. Noch bis 1960 wurde die sieben Meter breite und genauso hohe Kulisse regelmäßig zwischen Gründonnerstag und Karsamstag im Altarraum der Kirche aufgebaut. Viele Kirchen hatten diese barocken ›Heiligen Gräber‹. Im Lauf der Jahre sind die aber weitgehend verschwunden.«

Emma lächelte: »Ich würde das schon gerne sehen, aber mein Robert wird von dem Tipp nicht allzu begeistert sein, fürchte ich.«

»Wir können uns ja trennen. Dich setze ich beim Sakralen Museum ab, und ich fahre mit deinem Mann ins **Penninger Schnapsmuseum**. Da können wir uns weiterbilden und nebenbei ein bisschen von den einheimischen Bränden verkosten.«

9. TAG

Emma starrte ihn an: »Das ist jetzt nicht dein Ernst, oder?«

Robert kam angebummelt: »Was ist nicht sein Ernst?«

Alfons lachte: »Komm, setz dich ein bisserl her zu uns. Wir beratschlagen, was wir mit dem späten Nachmittag noch so alles anfangen können. Zum Wandern ist es schon fast etwas spät, was schade ist. Denn es gibt einen speziellen **Frauen-Wanderweg** zur sagenumwobenen **Natternbergalm**.«

»Warum sagenumwoben?«

»Einst soll eine sehr hübsche Sennerin auf eben dieser Alm gewesen sein. Dort oben gibt es viele Nattern. Die Sennerin hatte aber keine Angst vor denen, sondern mochte sie sogar sehr gern. Auch, weil die schwarzen Nattern das ganze Kleingetier wie Mäuse und Ratten von der Alm und der Speisekammer, Schinken- und Käsehütte fernhielten. Die hübsche junge Frau stellte den Schlangen deshalb immer Schalen mit Milch rund um die Alm auf. Nach einiger Zeit konnte sie sogar neben den Schalen stehen bleiben, denn die Nattern hatten keine Scheu mehr vor ihr. Dann kam eines Tages der Sohn des Bergbauern auf die Alm, um nach dem Rechten zu sehen. Die Sennerin verliebte sich in den feschen jungen Mann, und die beiden wollten heiraten. Aber der alte Bauer war strikt dagegen, weil die Sennerin zwar hübsch und fleißig war, aber sehr arm. Die junge Frau weinte viel, und weil außer ihr niemand auf der Alm wohnte, erzählte sie den schwarzen Nattern von ihrem Leid. Nach ein paar Tagen kam zur Abendzeit plötzlich eine schneeweiße Natter zu den Milchschalen, wartete, bis die junge Frau aus dem Haus kam, und ließ einen Edelstein aus ihrem Maul in die Milch plumpsen. Den Stein brachte die Sennerin zum alten Bauern, der erkannte sofort, dass es sich um einen wertvollen

Diamanten handelte, und die junge Frau durfte seinen Sohn heiraten. Das ist die Geschichte der Natternalm. Mich machen solche Geschichten immer durstig.«

»Mich auch«, sagte Robert, »Was schlägst du vor?«

»Moooment«, grinste Alfons, »Heute ist ja Dienstag. Jetzt lassen wir uns noch ein bisschen hier die Sonne auf den Pelz scheinen, und dann habe ich eine schöne Überraschung für euch.«

Die entpuppte sich als »Hüttenabend« auf dem **Glapfhof** in Reit im Winkl. In dem alten Gasthof spielte eine bayerische Band, es wurde getanzt und geschunkelt, und die Stimmung war super.

Robert bestellte sich eine knusprige Schweinshaxn mit Blaukraut, Emma einen großen Salat mit Zander und Alfons ein Riesenschnitzel.

Unser Geheimtipp!
Stimmung, Panorama-
blick und gutes Essen.
Was will man mehr.
www.glapfhof.de

Die Einrichtung der Stube war urig, der Blick über den Ort fantastisch und Emma meinte: »Hier ist aber was los, mein lieber Mann.«

Das Bier kam in bleischweren Krügen, von der Decke fielen plötzlich Hexenpuppen, und die Bedienungen machten ihre Späße mit den Gästen, und zwischendurch wackelten die Bänke, wie von Geisterhand bewegt.

»Schade, dass wir hier den Abend nicht ausklingen lassen können«, sagte Robert, »aber wir kommen wieder, soviel steht fest.«

Alfons brachte sie später zu ihrem Passat, und auf dem Rückweg nach Bernau summte Robert Lieder, die die Band im Glapfhof gespielt hatte: »So eine Gaudi haben wir schon lange nicht mehr gehabt.«

9. TAG

Was denn, wo denn, wie noch mal?

Seite 143 Windbeutelgräfin
Tel.: +49 (0)8663-1685 · www.windbeutelgraefin.de

Seite 145 Glockenschmiede
Tel.: +49 (0)8663-2309 · www.museum-glockenschmiede.de

Seite 145 Schnauferlstall
Tel.: +49 (0)8663-9075 · www.ferienwohnung-hollweger.de/
freizeit/oldtimer-museum.html

Seite 149 Kirchen in Ruhpolding www.ruhpolding.de/de/
urlaub-chiemgauer-alpen-bayern-kirchen-kapellen.html

Seite 150 Holzknechtmuseum
Tel.: +49 (0)8663-639 · www.holzknechtmuseum.com

Seite 150 Staubfall
www.eiermuli.de/staubfall/staubfall.php

Seite 153 Taubenseewanderung
www.bergwelten.com/t/w/12825

Seite 153 Rauschbergbahn
Tel.: +49 (0)8663-5945 · www.rauschbergbahn.com

Seite 154 Wanderung Weitsee, Mittersee, Lödensee, Förchens
www.bergwelten.com/t/w/12716

Seite 155 Sakrales Museum Tel.: +49 (0)8640-4399010
www.reitimwinkl.de/winterurlaub/sakrales-museum

Seite 155 Penninger Schnappsmuseum Tel.: +49 (0)8640-7977
www.penninger.de/orte/reit-im-winkl

Seite 156 Natternbergalm
Tel.: +49 (0)8640-8430 · www.nattersberg-alm.de

Seite 157 Glapfhof
Tel.: +49 (0)8640-5014 · www.glapfhof.de

Der schnelle Weg zu allen Links:
www.chiemgauerverlagshaus.de

Katakomben
und Almbauernsuppe

»Wenn einem beim Händler demonstriert wird, wie einfach man die Fahrräder auf den Autoträger kriegt, und wenn ich dann bedenke, dass ich nach dem Aufladen eigentlich immer eine längere Rücken-Reha benötigen würde, dann weiß ich, was das Wort ›postfaktisch‹ bedeutet.« Robert trat vom Heck des Passat zurück und betrachtete misstrauisch sein Werk.

Aus den Augenwinkeln sah er, wie die Katze der Vermieterin panisch in hohem Tempo über die Streuobstwiese rannte und blickte erschrocken über das Autodach zum Ferienhaus.

»Wo ist der Hund?« rief er. Emma streckte den Kopf aus der offenen Tür: »Der Rambo? Der sitzt längst bei dir im Auto. In seinem Korb auf dem Rücksitz. Warum?«

»Ach nichts, nur so! Können wir dann endlich losfahren? Wo bleibst du denn so lange?«

»Komme schon!« Während Emma die Haustür schloss, kam die Vermieterin um die Ecke: »Guten Morgen, wo solls denn heute hingehen?«

»Das wissen wir noch nicht so genau. Auf jeden Fall in Richtung Amerang, und dann schauen wir mal.«

»Das trifft sich ja gut«, sagte die Fanny, »da könnten Sie mir einen großen Gefallen tun. Meine Nichte, die Sie gestern Abend vielleicht noch gesehen haben, müsste nach Wasserburg. Mit dem Zug ist das ein wenig umständlich, aber wenn Sie sie bis Amerang mitnehmen würden ...?«

10. TAG

Robert nickte: »Das machen wir doch gerne. Her mit der jungen Dame.«

Fanny strahlte: »Ich schicke sie gleich raus. In einer Minute ist die Hilde bei Ihnen. Danke, ich stelle Ihnen später ein paar Stücke von meinem selbstgemachten Käsekuchen ins Haus.«

Hilde, eine nette junge Frau um die Zwanzig, saß wenig später auf dem Rücksitz und streichelte den Rambo: »So ein lieber kleiner Kerl. Mein Großvater hatte auch so einen. Diese Dackel sind ja echte Jagdhunde. Ist er auch so einer?«

Robert schüttelte den Kopf: »Der Rambo ist mehr auf die Jagd nach Fertigware fixiert. Würste, Schinken, kann auch mal ein Stück Kuchen sein. Sowas in der Art. Was machen Sie in Wasserburg? Wohnen Sie dort?«

»Ja, mit meinem Freund. Es ist eine großartige Stadt. Waren Sie schon mal da?«

»Nein. Was gibts denn in Wasserburg zu sehen?«

»Wo soll ich anfangen? Mein Freund ist in seinem Job schon viel rumgekommen, und er möchte von Wasserburg nicht mehr weg.«

»Was macht er denn, Ihr Freund?«

10. TAG

»Er ist Schauspieler und gehört zum Ensemble des Belacqua-Theaters, das ist eines der renommiertesten Privattheater Bayerns. Das ***Belacqua*** macht auch Open-Air-Veranstaltungen in der Stadt und richtet die jährlichen Wasserburger Theatertage aus. Interessieren Sie sich für Theater?«

Emma nickte: »Ja. Aber erzählen sie uns doch ein bisschen von Wasserburg.«

Hilde beugte sich zwischen den Sitzen etwas vor: »Die Stadt wurde im 11. Jahrhundert, zu Zeiten der Raubritter, gegründet. Sie liegt auf einem eiszeitlichen Moränenhügel, und der Inn fließt in einer Schleife um die Stadt herum. Wir haben eine bemerkenswerte Altstadt und viele Sehenswürdigkeiten.«

»Wissen Sie was?« Robert schaute über die Schulter: »Wir fahren Sie jetzt direkt nach Wasserburg und schauen uns die Stadt an. Und unsere Fahrradtour in der Gegend von Amerang machen wir am Nachmittag.«

Sie fuhren über Eggstätt nach Höslwang und kamen über die Nebenstrecke am **Schloss Amerang** vorbei, das südlich des Dorfes malerisch auf einer Anhöhe liegt.

»Wenn Sie mal Urlaub in einem echten Schloss machen wollen, dann sollten Sie sich hier eine Suite gönnen«, sagte Hilde.

»Ist das Schloss ein Hotel?«

»Nein. Es gibt aber sieben Suiten und Zimmer, die von der Baronin persönlich eingerichtet worden sind. Das Frühstück wird unter Gewölben im Scalingersaal serviert.«

»Woher wissen Sie das alles?«

»Mein Freund hatte im letzten Jahr einen Leseabend im Schlosshof, ich war mit dabei, und wir durften in einer der Suiten übernachten, das war sowas von romantisch! Der Innenhof ist von Renaissance-Arkaden umgeben, es gibt ein Schlossmuseum und viele andere interessante Dinge dort, auch urige Gaststätten, ganz in der Nähe. Wenn Sie gerne knusprige Schweinshaxn essen: in Sonnering, im **Landgasthof Angstl**, da gibt es die reschesten Haxn weit und breit. Das Wirtshaus war mal eine Poststation, es ist richtig heimelig dort.«

Unser Geheimtipp!
Die knusprigsten Schweinshaxn
weit und breit: Gasthof Angstl
Tel.: +49 (0)8055 9038214

»Danke«, sagte Emma, »aber eine Haxn wird mir wohl ein bisschen zu deftig. Wir freuen uns jetzt auf **Wasserburg**, da scheint ja einiges geboten zu sein.«

»Ich lebe gern dort. Bekannt ist auch der **Nachtflohmarkt**. Mitten in der Altstadt, von Tausenden Kerzen beleuchtet. Das ist sehr stimmungsvoll.«

»Ein Flohmarkt?« Robert schaute lächelnd in den Rückspiegel.

»Das ist kein normaler Flohmarkt. Bei uns in Wasserburg, da wurde der Nachtflohmarkt vor vielen Jahren erfunden. Die ganze Stadt ist auf den Beinen, kaufen kann man fast alles, und so mancher wertvolle Speicherfund hat hier schon den Besitzer gewechselt. Das Einzigartige an unserem Nachtflohmarkt ist, dass er ganz ohne elektrische Beleuchtung in den mittelalterlichen Gassen stattfindet, bei Kerzenschein. Man kann bummeln oder bis weit nach Mitternacht vor den Cafés sitzen. Seit vielen Jahren findet auch ›**Wasserburg leuchtet**‹ statt. Die historischen Hausfassaden und das Inntor werden illuminiert, mit Lasern angestrahlt, und auch die umliegende Natur wird in farbiges Licht getaucht. Künstlergruppen treten in den Gassen auf, und die ganze Stadt feiert eine farbengetränkte Party.«

»Aha, und wann genau leuchtet Wasserburg?«, fragte Emma.

»Immer am ersten Freitag nach Schulbeginn in Bayern, im letzten Jahr war das am 16. September.«

Hilde schwärmte weiter von ihrer Halbinsel am Inn: »Sie werden sich jetzt denken, Wasserburg, ja gut, aber früher, zu Zeiten des Salzhandels, da durfte das weiße Gold aus Reichenhall und Salzburg ausschließlich über Wasserburg nach München und Augsburg befördert werden. Können Sie sich vorstellen, was damals in Wasserburg los war?

10. TAG

Kaufleute und ihre Bediensteten, Flößer, Kutscher und Arbeiter kamen und gingen in rauen Mengen. Die waren alle hungrig und durstig, und deswegen gab es in Wasserburg eine Vielzahl von Herbergen, Brauereien, Bierschenken und Gasthäusern. Um 1850 rum hatte das Städtchen nur ungefähr 2500 Einwohner, aber 15 Brauereien. Die haben rund um die Uhr Bier gebraut, um den enormen Bedarf zu decken. Und jetzt wirds interessant: Die Sommer waren damals schon heiß, das Bier wurde schnell sauer, und aus gesundheitlichen Gründen wurde den Brauereien untersagt, von Georgi bis Michaeli Bier herzustellen.«

»Was muss ich mir unter Georgi und Michaeli vorstellen?«, fragte Robert.

Hilde lachte: »Das ist die Zeitspanne vom 23. April bis zum 29. September. Für die Braumeister war das natürlich eine Katastrophe. Aber die Brauereibesitzer waren ja nicht auf den Kopf gefallen. Das sogenannte ›Sommerbier‹ wurde auf Vorrat hergestellt, für die längere Haltbarkeit stärker gehopft und gebraut, und am Südufer gegenüber entstanden riesige **Katakombenkeller**. Stollen wie für ein Bergwerk wurden angelegt, so entstanden die vielen unterirdischen Lagerräumen, die miteinander verbunden wurden. Bis vor ein paar Dutzend Jahren hat man sich noch in der ›Kellerstraße‹ in diesen Gewölben getroffen, um frisches Kellerbier zu trinken. 1994 hat aber dann die letzte Wasserburger Brauerei den Betrieb eingestellt, 1998 wurde das Parkhaus gegenüber der Brücke gebaut, und der vordere Teil der Katakomben wurde deswegen zerstört. An die 20 Wasserburger Bierkeller wurden

Unser Geheimtipp!
Baukunst und Braukunst zu besichtigen in den Bierkatakomben. Tel.: +49 (0)8071 1050

aber restauriert, und einen Teil der historischen Kellerstraße hat man zu einem Museum ausgebaut. Es gibt Führungen und eine Bierverkostung.«

»Das klingt gut, das machen wir!« Robert grinste:
»Woher wissen Sie all das?«

»Mein Freund beschäftigt sich mit der Historie der
Stadt. Die Maß Sommerbier hat in der Zeit um 1850 zwei
Pfennige gekostet. Wenn Sie mögen, besuchen Sie doch
auch das *Heimatmuseum* in der Herrengasse. Zu besichtigen gibt es unter anderem eine bedeutende Sammlung
alter Möbel ab dem 15. Jahrhundert. Gleich nebenan ist
das *Restaurant Herrenhaus.* Sehr stilvoll in die alten
Mauern eingebettet. Man kann dort gut essen. Ich bediene
ab und zu bei Veranstaltungen, deshalb weiß ich das.«

»Sie lieben Ihre Stadt, richtig?«

»Ja, ich war ja schon viel auf Reisen, aber nirgendwo in
Europa wird die Vergangenheit so eng und romantisch von
einem Fluss umschlungen wie hier. Wasserburg ist eine
vollständig erhaltene spätmittelalterliche Stadt mit allem
Drumherum: Burg, Mauer, Brücke. Die Altstadt mutet
abends italienisch an, und es ist eine Freude, dort zu leben.
Mir geht immer das Herz auf, wenn ich über die ›Rote Brücke‹ in die Altstadt trete. Möchten Sie, dass ich mit Ihnen
durch die Stadt gehe und Ihnen meine Lieblingsplätze
zeige?«

»Gerne«, freute sich Emma, »aber nur, wenn wir Sie
anschließend zu einem Häppchen einladen dürfen!«

Sie stellten den Wagen in der großen *Parkgarage an
der Salzburger Straße* ab und gingen über die Innbrücke
auf das Brucktor zu . »Wenn Feinde nahten, konnte das
äußerste Joch der Brücke abgeworfen werden, und innen
wurde eine Zugbrücke hochgezogen. So mussten die

Angreifer am anderen Ufer stehen und zähneknirschend auf die für sie Unerreichbaren schauen. Sehen Sie mal auf die Wandmalereien an der Innfront des Tores. Sie zeigen zwei Schärwächter mit dem bayerischen und dem Wasserburger Banner, darüber sind Blitz und Zepter sowie Jupiter auf einem Adler mit Lilienstock.«, sagte Hilde. »Die Malereien stammen aus dem Jahre 1568. Die Brücke wurde 1338 erstmalig urkundlich erwähnt.«

Sie gingen durch das Tor und bogen nach links ab: »Hier sind wir an der **Heilig-Geist-Spitalkirche**. Früher war sie ein Hospital. Alleinstehende und hilfsbedürftige Menschen faden hier eine Unterkunft. Im Kirchenschiff kann man eine sehr gelungene holzgeschnitzte Darstellung des Pfingstwunders sehen, das um 1500 von einem unbekannten Meister geschaffen wurde. Möchten Sie reingehen?«

Emma nickte und betrat die Kirche. Robert, Hilde und der Hund warteten am Gehsteig. »Da vorne rechts ist der **Marienplatz mit der Frauenkirche**, und in der parallel verlaufenden Herrengasse sind typische Häuser der Inn-Salzach-Bauweise mit ihren Giebeldächern zu bewundern.«

»Was ist das für ein Gebäude, vor dem wir jetzt stehen?«

»Das ist das alte Mauthaus mit seinen Renaissance-Erkern. Alleine für die alten und sehenswerten Häuser und Kirchen würde man einen ganzen Tag brauchen. Am besten machen Sie eine der **historischen Stadtführungen** mit. Es gibt auch Themenführungen wie den ›Sprichwörter-Rundgang‹, oder ›Burg und Verborgenes‹ und vieles mehr.«

Emma kam aus der Kirche: »Das war beeindruckend. Was machen wir jetzt?«

Hilde schaute auf die Uhr: »Wenn wir Glück haben, erwischen wir die Bierführung noch. Lassen Sie uns zur Kellerstraße gehen.«

10. TAG

In Wasserburg gibt es
Einiges zu entdecken

Jupiter höchstselbst schaut
nach dem Rechten in
Wasserburg

Der Charme der 50er –
im Automobilmuseum in
Amerang

Kunst am Hof, im Bauern-
hausmuseum in Amerang

**10.
TAG**

Infotafel Moorlehrpfad „Freimoos"
Welche Wege führen durch das Freimoos?

Vor dem Gebäude der ehemaligen Buck-Brauerei stand schon eine Gruppe von Menschen. Ein als historischer Bierbrauer gekleideter Mann trat aus dem Gebäude: »Meine Damen und Herren, ich begrüße Sie zu unserer Führung durch die Wasserburger Bierkatakomben. Bitte treten Sie ein, und schauen Sie sich im Multimediaraum die Einführung an.«

Robert bezahlte für drei Personen, und in einem langen, schmalen Gewölberaum wurde ein kurzer Film vorgeführt. Anschließend wurden die Besucher in den ersten der sieben ehemaligen Sommerkeller geführt.

»Brrr. Das ist ja richtig kalt hier.« Emma schüttelte sich.

Mächtige Holzfässer waren an der Längswand des halbrunden Kellers übereinandergestapelt. »Dies hier ist der 1785 erbaute Adam-Gräf-Keller. Die Wände bestehen aus einem speziellen Kies der Würmeiszeit. Die Gewölbe wurden weder verputzt noch gestrichen.« Der Führer klopfte an die Steinwände: »All das wurde bei Laternen- und Kerzenlicht geschaffen. In den Steinböden mit Katzenkopfmuster sehen Sie zwei Ablaufrinnen, die bis hinaus zum Inn führen. Mit Hilfe der Bottiche, die hier drüben stehen, kam die Würze aus den Sudhäusern der Altstadt. Dort, in den Fässern, wurde die Hefe beigegeben, wodurch sich in ca. einer Woche Kohlensäure und Alkohol bilden konnten. Jetzt erst spricht der Brauer von Bier. Vom Gärkeller wurde das Jungbier in die Lagerfässer in den umliegenden Kellern verteilt zur Nachklärung, die ca. 4-6 Wochen dauerte. Wenn sie sich diese vielen riesigen, mannshohen Fässer anschauen, dann merken Sie, dass die nicht durch die Türen passten. Die Wagner bauten deswegen die Fässer erst hier in den Kellern zusammen. Den ganzen Brauprozess im Einzelnen zu erklären, wäre jetzt zu langwierig.«

10. TAG

Sie gingen durch verschiedene Keller mit Filtervorrichtungen und altertümlichen Maschinen mit Glaskolben und kamen schließlich in einen Raum, in dem das Bier damals von den großen Fässern in kleinere 50-Liter-Fässer umgepumpt wurde. »Hier ruhte das fertige Bier noch ein paar Tage.«

Der Führer zeigte auf eine meterlange Holzstange an der Wand, die in der Mitte eine Aufhängevorrichtung hatte: »An die Kette in der Stangenmitte wurde ein Fass Bier befestigt, und zwei Knechte trugen es dann endlich zum Gastwirt.«

Der Mann ging zu einem halbhohen Holztisch, auf dem ein 50-Liter-Faß stand, aus dem ein Messinghahn ragte. Neben dem Fass war ein kleinerer Tisch zu sehen, auf dem Halbliterkrüge standen: »Hier im Keller dürfen wir aus hygienischen Gründen nicht ausschenken, aber ich gebe jedem von Ihnen jetzt einen Gutschein, und mit dem bekommen Sie in den Wirtschaften in der Altstadt ein kühles Helles.«

»Das war ja das reinste Labyrinth«, staunte Emma, während Robert die Gutscheine einsammelte. Grinsend hielt er vier davon in die Höhe: »Hier, schaut mal, ich hab sogar für den Rambo einen Gutschein bekommen!«

10. TAG

Beim Überqueren der Brücke fiel Robert ein weißes Kabinenschiff auf, das den Namen ›Christine‹ trug. An Deck sah man an die dreißig Menschen.

»Was machen die da?« Robert zeigte zum Wasser.

»Eine **Innschifffahrt**«, sagte Hilde, »die Anlegestelle ist hinter uns, neben der roten Brücke. Man fährt mit dem Schiff die Front der Stadt ab, sieht die Burg und die Häuser aus einer anderen Perspektive und wird zum Kraftwerk und zur Kapuzinerinsel gebracht. Die Fahrt dauert etwa eine Stunde und ist sehr abwechslungsreich. Es gibt

noch zwei weitere Rundfahrten, eine über Rie-
den und die Teufelsbruckfahrt.
Die dauert zwei Stunden, ist
sehr romantisch und deswegen
abends sehr zu empfehlen. Mein
Freund und ich haben sie schon
zweimal gemacht. Nahui in Gotts
Nam!«

Unser Geheimtipp!

Bei Tag oder Nacht, eine
Innschifffahrt sollte
man nicht versäumen
www.heldwasserburg.de

»Was?« Robert schaute Hilde an, die lachend sagte:
»Das ist der Gruß der Innschiffer und heißt so viel wie
›Packen wirs an‹!«

»Was es hier alles gibt! Wasserburg hat schon was
Besonderes, das merke ich jetzt auch«, meinte Emma,
»bestimmt gibt es auch viele Künstler hier, oder?«

»Ja, einer meiner Lieblingskünstler ist der Willy Rei-
chert. Wenn Sie schöne Malerei mögen, schauen Sie sich
seine Bilder in seiner **Galerie** mal an. Die ist in einem historischen Haus untergebracht, an der Burg 8. Dann gibt
es den ›Arbeitskreis 68‹, einen Zusammenschluss von eta-
blierten und experimentierfreudigen Künstlern aus verschiedenen Stilrichtungen, die im **Ganserhaus** hier in Wasserburg seit 1973 ausstellen und den Skulpturenweg am
Innufer geschaffen haben. Möchten Sie dorthin gehen?«

»Äh, später vielleicht. Von Kunst bekomme ich immer
Hunger und Durst. Wie wärs mit einem Häppchen? Auf
was dürfen wir Sie einladen? Wir essen mittags aber nur
eine Kleinigkeit, nichts Üppiges«, fragte Robert.

»Ein Sandwich oder einen Salat, sowas in der Art? Na,
dann gehen wir doch zum ›**Wasserburger Bohnenröster**‹,
das ist ein besonderes Kaffee, und manche Leute kommen
von weit her, um den Espresso und die hausgemachten
Pralinen zu genießen. Es ist auch nicht weit von hier, direkt
am Marienplatz.«

**10.
TAG**

Im ›Bohnenröster‹ herrschte reger Betrieb, fast alle Plätze waren besetzt. »Das sieht ja aus wie eines dieser alten Wiener Caféhäuser«, sagte Emma, während Hilde auf einen Tisch zusteuerte, an dem vier junge Leute saßen: »Ja hallo, grüß euch. Ist hier noch Platz für uns?«

Die Vier am Tisch rückten etwas zusammen, und ein dunkelhaariger Mann sagte: »Hast du heute frei?«

Hilde schüttelte den Kopf: »Nein, ich muss in einer Stunde anfangen. Das hier sind Robert und Emma Grammel, und der süße kleine Kerl unter dem Tisch, das ist der Rambo. Die Grammels urlauben auf dem Hof meiner Tante in Bernau.« Und zu Robert sagte sie: »Das sind Anna, Susi, Peter und Karl. Der Peter ist aus Amerang. Da wollen Sie doch heute Nachmittag mit den Rädern hin, oder? Peter, sag mal was zu deinem Amerang, bestimmt hast du ein paar Tipps für die Familie Grammel!«

Peter hob sein Glas und sagte: »Ist ziemlich trockene Luft hier drinnen.«

Robert winkte der Bedienung: »Nochmal dasselbe für die jungen Leute. Und die Speisekarte, bitte!«

Peter grinste: »Der Mann hat Stil. Also: Amerang ist das einzige Dorf mit drei Museen. Da ist zum einen das Bauernhausmuseum. Das besteht aus 17 historischen Gebäuden aus dem Chiemgau und dem Rupertiwinkel. Da können Sie Mühlen, Werkstätten, Stadel und Bauernhöfe sehen. Was machen Sie denn beruflich?«

10. TAG

»Ich bin Landschaftsgärtner.«

»Ein Grund mehr, sich das **Bauernhausmuseum** anzusehen.« Peter drehte den Oberkörper zur Seite, denn die Bedienung trat mit einem mit Gläsern beladenen Tablett an den Tisch.

Unser Geheimtipp!
Einblicke in den ländlichen Alltag bietet das Bauernhausmuseum. www.bhm-amerang.de

»Auf dem Museumsgelände werden ja nicht nur die überlieferten Lebens-, Arbeits- und Bauweisen des Chiemgaus vorgestellt, sondern auch die dazugehörigen Kulturlandschaften. Es wird auf die natürlichen Bedingungen der agrarischen Nutzungsmöglichkeiten eingegangen, und wie diese das Bild der Landschaft im Lauf der Jahrhunderte geprägt haben.«

Eine der jungen Damen beugte sich vor: »Einfacher ausgedrückt, es stehen da viele fotogene Misthaufen rum.«

Peter schüttelte lachend den Kopf: »Nein, im Ernst, ein Besuch dort lohnt sich immer. Auch sehr interessant: Das **Automobilmuseum**. Auf mehr als 6000 m2 werden dort so um die 200 Exponate gezeigt. Vom Messerschmitt-Kabinenroller bis zum Mercedes 300SL sehen Sie da alles, was damals auf unseren Straßen unterwegs war. Die haben sogar eine Original 70er-Jahre-Tankstelle mit Zapfsäulen stehen. Und im Museumscafé Isabella können Sie neben diversen automobilen Schätzen ihr Bier trinken.«

»Wie kommt denn so ein Museum nach Amerang?« Robert hob sein Bierglas und prostete den jungen Leuten zu.

Eines der Mädchen sagte: »Der Gründer, Ernst Freiberger, war der Erfinder des Eis am Stil. Er stieg zum drittgrößten Eiscremefabrikanten Deutschlands auf und beschloss, hier in seiner Heimatgemeinde das Automobilmuseum zu gründen. Na ja, und das Dritte im Bunde ist das Schlossmuseum.

Aber jetzt sind Sie hier bei uns in Wasserburg. Warum machen Sie nicht eine der Führungen mit?«

»Welche denn?«

Peter kratzte sich am Ohr: »Da gäbe es die ›**Mord und Totschlag**‹-**Führung**. Die bringt Sie an geheimnisvolle Orte in der Altstadt, an denen sich einst tragische oder sehr mysteriöse Dinge zugetragen haben. Oder die

171

«*Gruselführung*«. Da erfahren Sie Geheimnisvolles, Gespenstisches und Schauriges aus der Burg, den Kirchen und dem Kloster.«

»Klingt gut, aber wir wollen am Nachmittag noch ein bisschen mit den Fahrrädern rumkurven«, sagte Robert.

»Das können Sie hier aber auch gut machen. Wasserburg liegt ja am Innradweg, oder Sie fahren den **Wasserburger Radrundweg**. Wenn Sie aber lieber in Amerang in die Pedale treten wollen, dann empfehle ich das **Ameranger Moos**. Da gibts den Chiemsee-Alpenland Themenweg. Der Moorlehrpfad durchquert unterschiedliche Moorlandschaften, Sie radeln durch ein Mosaik aus Wäldern, Wiesen, Feldern, Einöden und kleinen Weilern. Und Sie erfahren viel über die geschützte Tier- und Pflanzenwelt.«

»Sagen Sie mal, Peter, was machen Sie eigentlich beruflich?«

Peter schaute Emma an: »Student, Schauspieler, Fremdenführer, Lebenskünstler, was grade so anliegt«

Die Unterhaltung wurde mit jedem Getränk lustiger, und bald sagte Emma: »So langsam wirds mir hier eine Spur zu behaglich. Wenn wir jetzt nicht gleich aufbrechen, dann versacken wir bei euch. Robert, ruf nach der Rechnung, und gib mir mal besser freiwillig die Autoschlüssel«

10. TAG

Als sie eine halbe Stunde später an der Infotafel am Moorlehrpfad «Freimoos« standen, schaute sich Robert um: »Ich glaube, wir lassen die Räder am Auto und spazieren ein bisschen. Das wird dem Hund auch guttun.«

»Ach, hat der Rambo auch Bier getrunken und deshalb leicht wacklige Knie? Wenn das so ist, dann lass uns mal loslegen. Wir müssen ja nicht die große Runde laufen.«

»Was, welche große Runde?« Robert wischte sich über die Stirn.

»Das steht doch da: Große Runde 5,1 km, kleine Runde 3,5 km.«

Rambo lief bellend in die Blumenwiese, aus der ein kleiner bunter Vogel erschrocken hochflatterte.

»Ich nehme den Kleinen lieber mal an die Leine«, beschloß Robert und trottete hinter dem Hund her.

»Warum, den Vogel hätte er eh nicht erwischt.«

»Nein, aber hier im Moorgebiet gibt es fleischfressende Pflanzen, und wenn die sich zusammenrotten und sich dann im Rudel auf unseren Rambo stürzen, gute Nacht.«

»Das letzte Bier war wohl schon verdorben, sonst würdest du nicht so einen Blödsinn verzapfen.«

Robert nahm den Dackel auf den Arm, stellte sich breitbeinig hin, räusperte sich und zeigte mit einer weit ausholenden Geste auf die umliegende Landschaft: »Gnädiges Weib«, donnerte er mit lauter Theaterstimme »was Sie hier sehen, das ist das berühmte Ameranger Freimoos mit seinen ausgedehnten und verschiedenen Moorlebensräumen. Sie können jetzt beliebig langsam oder schnell gehen, aber immer umgibt Sie eine kleinstrukturierte, reichhaltige Landschaft. Ihre liebreizende Nase wird umschmeichelt vom Duft der blütenreichen Streuwiesen, die in Misch- und Auwälder eingebettet sind und viele Jahre auf Ihren Besuch gewartet haben. Bitte, beachten Sie auch die Hecken und Feuchtgebüsche dort hinten, und wenn Sie mir und meinem Assistenten jetzt bitte folgen wollen, erschließt sich Ihnen das Geheimnis des Millionen Jahre alten Hochmoors.« Robert rülpste, und der Hund glotzte ihn erstaunt an: »Äh, ja, die haben ein ausgeprägtes Echo hier. Und im Übrigen kann es gut sein, dass ich das eine oder andere Bier zuviel getrunken habe. Aber egal, wenn Sie jetzt soweit sind ...«

10.
TAG

Ein paar Stunden später saßen sie, leicht müde und erschöpft vom Wandern, im Biergarten des Gasthofes «*Wirth von Amerang*». Neue und alte Kastanien, ein alter Brunnen und gemütliche Tische mit rot-weiß-karierten Leinentüchern – ein Ambiente wie aus einem alten Heimatfilm umgab sie.

»Wie alt ist denn das Gebäude?«, fragte Robert die Bedienung, als sie ihm ein gut gezapftes Bier hinstellte.

Sie runzelte die Stirn: »So genau weiß man das nicht. Die Grundmauern stammen wohl aus einer Zeit um das Jahr 1300. Seit dem 15. Jahrhundert ist das Haus eine Wirtschaft. Sie können sich gerne mal die «Alte Küche» ansehen. Da ist alles noch im rustikalen Stil von 1540, mit offener Feuerstelle und allem, was dazu gehört. Auch die «Zechstubn« und die »Hergottsstubn« sind sehr schön. Sind Sie zum ersten Mal hier bei uns?«

Emma nickte.

»Dann zeige ich Ihnen später die verschiedenen Räume, wenn Sie mögen. Den Weinkeller und die Vinothek und die «Knechtstubn«. Was möchten Sie denn essen? Ich würde Ihnen heute die Almbauernsuppe empfehlen und danach die Ameranger Pfefferschmankerl. Das sind verschiedene Filets mit hausgemachten Beilagen.«

10. TAG

Emma nickte, und Robert sagte: »Das nehmen wir. Bitte bringen Sie mir noch ein Bier und meiner Frau noch so ein köstliches Mineralwasser. Sie fährt nämlich sehr gerne Auto, wissen Sie?«

Die letzten Sonnenstrahlen blitzten durch die Kastanienblätter, als die Grammels zu ihrem Auto gingen. Robert summte leise »So ein Tag, so wunderschön wie heute« vor sich hin, und Emma kicherte: »Ich glaube, heute Nacht wird einer von uns Dreien tief und fest schlafen!«

Was denn, wo denn, wie noch mal?

Seite 160 Theater Belaqua
Tel.: +49 (0)8071 103263 · www.theaterwasserburg.de

Seite 161 Schloss Amerang
Tel.: +49 (0)8075 91920 · www.schlossamerang.de

Seite 161 Landgasthof Angstl   Tel.: +49 (0)8055 9038214
www.landhof-angstl.de

Der schnelle Weg zu allen Links:
www.chiemgauerverlagshaus.de

Seite 162 Wasserburg
Tel.: +49 (0)8071 10522
www.wasserburg.de

Seite 163 Bierkatakomben   Tel.: +49 (0)8071 1050
www.wasserburg.de/de/bierkatakomben/fuehrungen

Seite 164 Heimatmuseum Wasserburg
Tel.: +49 (0)8071 925290 · www.museum.wasserburg.de

Seite 164 Restaurant Herrenhaus
Tel.: +49 (0)8071 5971170 · www.restaurant-herrenhaus.de

Seite 165 Kirchen und Kapellen in Wasserburg
www.jakobus-weg.de

Seite 165 Historische Stadtführungen   Tel.: +49 (0)8071 1050
www.wasserburg.de/de/touristik/stadtfuehrungen

Seite 168 Innschifffahrt Wasserburg
Tel.: +49 (0)8071 4793 · www.heldwasserburg.de

Seite 169 Künstlervereinigung Ganserhaus
Tel.: +49 (0)8071 4484 · www.arbeitskreis68.de

Seite 169 Kaffee Bohnenröster Wasserburg
Tel.: +49 (0)8071 510604 · www.wasserburger-bohnenroester.de

Seite 170 Bauernhausmuseum Amerang
Tel.: +49 (0)8075 9150911 · www.bhm-amerang.de

Seite 171 Automobilmuseum Amerang
Tel.: +49 (0)8075 8141 · www.efaautomuseum.de

Seite 172 Ameranger Moos
Tel.: +49 (0)8075 919731 · www.amerang.de

Seite 174 Wirt von Amerang
Tel.: +49 (0)8075 185918 · www.wirth-von-amerang.de

Prien, Wildenwart, Bernau, Ratzinger Höhe,
Simssee, ...

Prientalromantik und Knusperrenken

Robert erwachte kurz vor Sonnenaufgang und lauschte in die Dämmerung. Er hörte, wie der Regen an die Fensterscheiben klopfte, und dann wieder dieses Geräusch, das ihn aus dem Schlaf geholt hatte. Es kam von Rambo, der in seinem Korb unter dem Tisch im Wohnzimmer lag und leise knurrte.

Ächzend kam Robert hoch, schaute auf Emma, die fest schlief, und tappte im Halbdunkel zum Hundekorb: »Was ist denn, mein Kleiner? Hat dich was erschreckt?« Er nahm den Dackel hoch, drückte ihn an die Brust und öffnete mit der freien Hand die Haustür. Die Bank unter dem Vordach war trocken, denn der Regen kam aus Westen. Dort hatte der Himmel immer noch die Farbe überreifer Pflaumen, während im Osten ein schmaler, hellgrauer Streifen am Horizont auftauchte.

Robert setzte sich auf die Bank, Rambo kuschelte sich auf seinem Schoß zurecht. Sie schauten den Blättern der Apfelbäume zu, wie sie vom nassen Wind von den Ästen gezupft wurden und auf die Wiese schwebten.

Kleine Rinnsale hatten sich gebildet und trugen das Blattwerk den Hügel hinab. Aus den Augenwinkeln nahm Robert eine Bewegung wahr und drehte den Kopf. Die Katze der Vermieterin saß am äußersten Ende der Terrasse unter dem Vordach und beäugte sie misstrauisch.

Der graue Sonnenbote im Osten veränderte behutsam seine Farbe und wurde heller. Der Regen ließ nach, und man sah den See im ersten Morgenlicht matt glänzen.

11.
TAG

Rambo hatte die Katze auch erblickt und gähnte ausgiebig, dann ließ er den Kopf wieder sinken.

»Siehst du, Katze, solange es nicht richtig hell ist und außerdem regnet, herrscht Burgfrieden. Also bleib cool und entspann dich.« Robert schaute auf den See: »Früher, vor ganz langer Zeit, da konnten die Tiere noch miteinander sprechen. Da war natürlich manches einfacher. Woher ich das weiß? Na, von den Märchen. In vielen Geschichten reden die Tiere gern und viel, genauso wie die Menschen. Vielleicht konnten auch die Menschen mit den Tieren plaudern oder umgekehrt. Der Wolf hat auf jeden Fall mit Rotkäppchen geredet. Wenn heutzutage irgendwo ein Wolf sein Maul aufmacht, wird er zum Problem erklärt und umgehend ›letal entnommen‹. Klingt schön, ist für den Wolf aber eher unvorteilhaft.« Die Katze und der Hund sahen ihn an.

»Ehrlich, so läuft das nun mal. Ich erzähl euch jetzt mal ein solches Märchen. Mal schauen, ob ich das noch zusammenbekomme. Irgendein Tier sagt eines Tages zu den Söhnen eines alten Schneiders: ›Ich bin so satt, ich mag kein Blatt‹. Das war vermutlich ein Bär, so genau weiß man das ja heute nicht mehr. Auf jeden Fall ...«

»Das war eine Ziege, mein Lieber«, kam Emmas Stimme von der Tür und Robert, der Hund und die Katze zuckten erschrocken zusammen. »Was macht ihr denn hier?«

»Oh, wir wollten soeben das heutige Tagesprogramm durchsprechen«, sagte Robert, während sich Emma neben ihn setzte und nach Osten, zu den ersten zaghaften Sonnenstrahlen blickte: »Wir wollen doch heute wandern, wenn ich mich recht erinnere«, gab sie zur Antwort.

»Das meinst du ernst, wie? Hast du schon einen Vorschlag?«

11. TAG

»Ja. Wir legen uns jetzt noch ein bisschen aufs Ohr, frühstücken später in einem der *Cafés am Marktplatz* in Prien, und dann wandern wir eine Teilstrecke des *Grenzenlos-Wanderwegs von Prien nach Aschau.*«

»Teilstrecke klingt übersichtlich. Wie lang ist denn so eine Teilstück?« Robert schaute sie misstrauisch an.

»So an die 16, 17 Kilometer, hat mir die Fanny erzählt.« Robert schnappte nach Luft, und Emma erwiderte schnell: »Bleib ruhig, zurück fahren wir mit der Chiemgaubahn. Du wirst sehen, das wird ein romantischer Vormittag.«

Emma stand auf: »Dein Märchen kannst du ein andermal fertigerzählen. Ab ins Bett, mein Herr, und du, mein Hund, ab in deinen Korb.«

Die beiden Bäckerei-Cafés am Marktplatz in Prien waren gut besucht, im gesamten Außenbereich war kein freier Tisch in Sicht. »Da drüben, beim *Kurcafé Heider* sitzt eine Dame mit einem kleinen Jungen. Ich frag mal, ob wir uns dazusetzen dürfen«, schlug Robert vor und schlängelte sich durch die Tischreihen. Er sprach mit der Frau, drehte sich um und winkte Emma zu.

Sie nahmen am Tisch Platz, die Frau gegenüber reichte ihnen die Karte, und Robert sagte zu dem Jungen, der vielleicht 10 Jahre alt sein mochte: »Ich bin der Robert, und wie heißt du?« Der Kleine streckte ihm die Zunge raus und erwiderte: »Zickezacke Entenkacke!«

»Das ist aber ein seltener Name«, meinte Robert, und die Mutter wurde rot: »Bitte entschuldigen Sie, so ist er schon seit heute früh. Er heißt Michi. Sind Sie Urlauber?«

11.
TAG

Emma stimmte zu: »Ja, und heute wollen wir den Prientalweg von hier nach Aschau wandern, kennen Sie den?«

»Der ist aber ganz schön weit«, sagte die Frau. »Da gibt es sehr viel kürzere Touren. Kennen Sie den **Priener Kneippweg**? Das ist eine Barfußwanderung, beginnend am Chiemseeufer beim **Prienavera-Erlebnisbad**. Der Weg führt über den Herrnberg bis in den **Naturpark Eichental,** das sind alles in allem so an die vier Kilometer.«

»Das klingt doch gut«, freute sich Robert, »Haben Sie noch so einen Tipp? Denn wenn ich von hier nach Aschau gehen muss, da komme ich mir ja vor wie einst Hannibal, den man über die Alpen geschickt hat.«

Die Frau lachte: »Sie Ärmster. Und das ganz ohne Elefanten. Mir fällt da noch der **Priener Postkartenweg** ein.«

»Wir schreiben keine Postkarten«, meinte Emma, und die Frau ergänzte: »Nein, das ist der Name der Wanderung, weil sie so idyllisch ist. Also, auf dem Postkartenweg kommt man zuerst an die **Munzinger Linde**. Auf einer Tafel können Sie die Geschichte dieses sagenumwobenen Baumes lesen. Nächste Station ist der Bundwerkstadl, dann gelangen Sie zur **Arbinger Kapelle**. Sie erfahren auf Ihrem Weg einiges über die Streuobstwiesen und die **Obstbrennereien** von Kaltenbach und Leiten und erreichen dann den Urschallinger Bahnhof. Von dort aus können Sie Ihre Tour mit der Chiemgaubahn fortsetzen, wenn Sie das möchten. Vorher sollten Sie aber einen Abstecher in die Urschallinger **St. Jakobuskirche** machen und sich den Freskenzyklus ansehen. Auch sehr ansprechend ist die **Salvator-Wallfahrtskirche**. Sie wurde der Legende nach infolge eines Wunders errichtet. Näheres erfahren Sie vor Ort. Na, wäre das nichts für Sie Drei?«

Während Robert nickte, schüttelte Emma den Kopf: »Nein, es bleibt dabei, wir machen heute Vormittag die

11. TAG

Wanderung von hier nach Aschau. Ah, da kommt ja schon unser Frühstück. Iss kräftig, mein lieber Mann, dass du mir nicht schlapp machst.«

»Sagen Sie, was hat es denn eigentlich mit diesem alten Zug auf sich, der des öfteren ziemlich laut durch die Ortschaft fährt?«

»Sie meinen die historische **Chiemsee-Dampftrambahn**. Die verkehrt täglich 10mal vom Bahnhof Prien bis zum Hafen Stock. Der nostalgische Zug ist um die 130 Jahre alt und somit die letzte deutsche Dampflokalbahn in Betrieb. Sie wurde gebaut, weil nach dem Tod von Ludwig II hier in Prien ein ungeheurer Besucheransturm einsetzte. Es gab regelmäßig ein Verkehrschaos auf der Seestraße von Prien bis runter zum Hafen, und der Gemeinderat wollte schnellstens was unternehmen. Sie müssen sich mal vorstellen, dass damals täglich bis zu 100 Pferdekutschen und Fuhrwerke auf der schmalen Straße unterwegs waren, um die Besucher von hier nach dort zu bringen. Einer der Feßlers, das ist die Familie, die die Chiemseeschifffahrt betreibt, hatte dann die glorreiche Idee mit der Bahn. Eine Münchner Firma baute die Schmalspurbahn in Rekordzeit, und bis heute tuckert sie mit behäbigen 15 Stundenkilometern durch den Ort. So, jetzt müssen wir aber gehen, der Michi muss zum Zahnarzt.«

Der Junge schnitt Robert und Emma eine Grimasse und sauste davon. Die Frau legte einen Geldschein auf den Tisch: »Sagen Sie der Bedienung, das stimmt so. Auf Wiedersehen, ich wünsche Ihnen einen unvergesslichen Urlaubstag.«

11. TAG

»Hier links, in die kleine Straße da drüben müssen wir.« Robert und Emma, die den Dackel über den Fußgängerübergang vor dem Kreisverkehr trug, gingen an der

Brücke vorbei und folgten dem Sträßchen, das schon bald im Grünen auslief.

»Das da links sind Leberblümchen«, dozierte er, »eigentlich ein Frühblüher, der aus Wasser, Kohlenstoffdioxid und Sonnenlicht Zucker produziert. Und da drüben steht sogar noch ein bisschen Bärlauch.«

Sie gingen im schattigen Tal am Wasser entlang, sahen kurz darauf durch das Geäst die St. Salvator-Wallfahrtskirche, von der die Frau im Café erzählt hatte.

»Lass uns hier im Tal bleiben«, meinte Emma, »ich mag diese verschlungenen Wege und das Rauschen des Wassers.«

Sie gingen, immer wieder unterbrochen von kurzen Pausen, wenn der Hund etwas besonders Interessantes beschnuppern musste, ihren Gedanken nachhängend, bis Robert abrupt stehen blieb und den Arm hob: »Psst. Leise. Da drüben. Siehst du den Vogel?«

»Ja, tatsächlich. Aber ich hab in meinem Leben schon mehrere Vögel gesehen«, flüsterte Emma.

Robert schüttelte den Kopf: »Der da auf dem Ast direkt über dem Bach ist was ganz Besonderes. Das ist ein Eisvogel. Sieht er nicht wie ein Juwel aus? Sieh nur, die Farben: Kobaltblau, und die türkisfarbene Oberseite. Und der leuchtend blaue Streifen auf dem Rücken, dazu die azurblauen Spitzen auf den Flügeldecken. Siehst du den Kontrast vom rostroten Bauch zu der blütenweißen Kehle?«

»Jetzt flipp hier nicht aus. Für mich ist das ein Vogel«, sagte Emma in normaler Lautstärke.

**11.
TAG**

Der Eisvogel, der auf sie aufmerksam wurde, machte: »ti-it«, stieß sich von dem Zweig ab und flog zwischen den Bäumen davon.

»Jetzt hast du ihn verjagt!« Robert stapfte los und sprach erst wieder, als sie nach einiger Zeit und vielem

Bergauf, Bergab am **Golfplatz vom Bauernberg** vorbeika-
men: »Hier gibt es Biber. Schau mal.« Er zeigte auf ange-
nagte Baumstämme: »Die Männchen werden bis zu 30
Kilo schwer. Die Weibchen wiegen etwas weniger.«

»Wie bei uns Menschen?« fragte Emma und grinste:
»Jetzt komm, ich hab das vorhin nicht gewollt, dass ich
den Vogel verscheuche. Tut mir leid, ja?«

Robert nickte: »Passt schon.«

Bei Bachham bestaunten sie einen großen Findling,
der oberhalb der Wehrmauer lag. »Wie der wohl hierher
kommt?« Robert kratzte sich am Kopf.

»Die Talwände der Prien bestehen aus Moränen, auch
Geschiebe genannt«, dozierte Emma, »das wurde von den
Gletschern der Alpen abgelagert, mein Lieber. Man kann
es so sehen, dass die Prien es ganz langsam abarbeitet und
sozusagen nach Größe sortiert. So entstehen die Kies-
bänke, aus denen ersichtlich ist, welches Gestein in den
Moränen war.«

»Und wo sind deine Moränen jetzt?« grinste Robert.

»Die sind zurück auf dem Berg, neue Steine holen!«
Emma lachte: »Jetzt solltest du dein Gesicht sehen!«

Vorbei an Waldbäumen mit Efeubewuchs wanderten sie
schweigend, bis Emma sagte: »Warum werden die abge-
storbenen Bäume, wie der da drüben, nicht entfernt?«

»Weil die wichtig sind, Frau Lehrerin. In denen herrscht
ein reges Treiben, auch wenn man das nicht sieht. Da
drinnen wird genagt, gefressen, vermehrt, verpuppt und
geschlüpft. Für einige Vogelarten ist so ein Baum das reinste Luxusbuffett. Außerdem zimmern die Spechte gerne
ihre Bruthöhlen in abgestorbene Baumstämme wie diesen.
Später werden die Höhlen dann gerne von Eulen, Meisen,

182

CHIEMSEE-BAHN

In der Hauptsaison fährt sie
mit Volldampf voraus

Malerisches E-Werk bei Prien

Beim Gocklwirt gibts viel
zu entdecken

Der Grenzenlos-Wanderweg
führt uns an die Prien

Guten Appetit!

1.
G

Eichhörnchen und Siebenschläfern genutzt. Na, was sagst du jetzt?«

»Sie haben sich ihr erstes Bier verdient, Herr Privatdozent. Aber erst in Aschau.«

»Nee, oder?« Robert drehte sich um: »Wir sind doch gleich bei der *Schloßwirtschaft Wildenwart*, da könnte man doch eigentlich ...?«

Emma schüttelte den Kopf: »In Aschau. Ich weiß nämlich genau, was passiert, wenn du jetzt bequem sitzt und Bier trinkst, Mann.«

»Ja, aber wir könnten doch einen Abstecher zum *Schloss Wildenwart* machen. Ich meine, das ist ja Kultur. Bestimmt kann man einen Blick hineinwerfen, schließlich hat Ludwig III. um 1919 rum hier gewohnt, und ein Teil der Wittelsbacher nutzt es immer noch. Also ist die Wirtschaft bestimmt auch was ganz Sehenswertes, so habe ich das gemeint. Mit einem historischen Biergarten und so.«

»Vergiss es einfach. Und falls du an Historie interessiert bist: Das Schloss Wildenwart wurde im Jahre 1200 als Burg erbaut. Zur Sicherung des Prien-Übergangs. Stillt das deinen Wissendurst?«

Robert erwiderte nichts, sondern ging wortlos voraus in den tiefen Wald des *Herzogsweges*, hinunter in das Urtal der Prien. Es war teilweise eher ein Steig denn ein Weg, aber gut begehbar, und erst in Oed kamen sie wieder aus dem Wald heraus. Rechts hinter der Hauptstraße sah man *St.Florian*, eine weitere Wallfahrtskirche.

11.
TAG

Nun führte sie ein Feldweg und ein Stück Straße hinauf. Sie passierten die Reste der Oberprienmühle, die Einmündung der Ebnacher Ache, die auch das Wasser der »Waizenreiter Quelle« mit sich führt. Aus der soll die bekannte Frasdorfer Wassertrinkerin Maria Furtner getrunken haben, die der Überlieferung nach 52 Jahre nichts anderes als ebendieses Wasser zu sich nahm, wie Emma wortreich erzählte.

Robert quittierte den Vortrag mit einem Grunzen. Am Priendamm zwischen Grünwald und Leitenberg nahm er den Hund hoch: »Der Rambo ist total entkräftet. Mir machen diese Gewaltmärsche ja nichts aus, aber du solltest wenigstens auf das arme Tier Rücksicht nehmen.«

Emma tätschelte seine Schulter: »Bald habt ihr es geschafft.«

»Merkst du, wie sich hier im Überflutungsbereich der Bewuchs geändert hat? Schau dich um: Ahorn und Schwarzerle, Esche, Weide und jede Menge Hartriegel, Weißdorn und Haselsträucher. Ich wette, wenn wir hier lang genug stehenbleiben, sehen wir auch noch ein paar Wasseramseln. Interessant, wie?«

Emma nickte: »Ungefähr so spannend, wie dem Gras beim Wachsen zuzuschauen, Herr Botaniker, und ja, ich hab dich schon verstanden. Wir werden hier nicht stehenbleiben. Pass lieber auf, dass du mit dem Hund auf dem Arm nicht ausrutschst! Auf gehts, wir haben nur noch ein kurzes Stück, dann hast du es hinter dir.«

Auf der Prienbrücke an der Schulstraße schaute sich Robert um: »Wo ist der Bahnhof?«

»Gleich da drüben. Hast du das Schild nicht gesehen?« Emma nahm ihm den Hund ab: »Setzen wir den Rambo mal wieder runter und leinen ihn an. Weißt du was? Ich bin überhaupt nicht erschöpft. Wir könnten doch noch auf den Höhenberg gehen, oder?«

»Waaas?« Robert starrte sie an.

»Ja, jenseits des Bummelbahngleises führt ein Weg hoch. Das sind nur 636 Höhenmeter, aber da oben sind vier Bauernhöfe zu besichtigen, die seit dem 12. Jahrhundert

11. TAG

dort stehen, und inmitten der Höfe befindet sich die ehemalige Maierhofkirche. Die Fanny meinte, das wäre sehr idyllisch, da oben. Na?«

Robert suchte nach einer Antwort, aber Emma lachte: »War nur ein Scherz. Lass uns zum Bahnhof gehen, und schauen, wann die nächste Chiemgaubahn nach Prien abfährt. Wenn wir Glück haben, kommen wir dort noch zu einem guten Mittagessen, das könnte von der Zeit her hinkommen.«

Nachdem sie alle wieder im Passat saßen, kramte Robert im Mittelfach zwischen Sonnenbrillen, Cremetuben und Zetteln.

»Was suchst du?« Emma öffnete das Schiebedach und fächelte sich Luft zu.

»Den Wisch mit der Anschrift. In der Bäckerei hab ich gestern was von einem neueröffneten Fischrestaurant in Bernau-Felden, mit einem Biergarten direkt am Chiemsee, gehört. Da werden wir jetzt hinfahren. Das Restaurant ist so neu, das steht noch in keinem Chiemgauführer. Wieder mal einer meiner echten Geheimtipps. Wo zum T ..., ah, da haben wir es ja: **Fischerei Minholz**, Birkenalle, Bernau. Los geht's!«

Unser Geheimtipp!
Neues Restaurant mit
alter Tradition
Tel.: +49 (0)8051-6019059

Die Sonne hatte ihren Zenit schon überschritten, als die Grammels im Biergarten eintrafen. Unter einer der noch jungen Linden fanden sie einen Tisch mit prächtigem Blick auf den See. Robert schnappte sich die Speisekarte und las laut: »Hausgemachte Bouillaa ...also, Fischsuppe. Dann, Zanderfilet gebraten, Knusperrenkenfilets oder Brachse. Was darf es sein, Madame?«

»Ich nehme die Bouillabaisse und einen Salat, dazu eine Weißweinschorle.« Emma, sah sich nach einem Wassernapf für Rambo um.

Die Bedienung, die mittlerweile an ihren Tisch getreten war, blickte Robert an.

»Ich hätte gern die Knusperrenkenfilets und ein großes Bier, bitte.«

Sie nahm die Bestellung auf, brachte Wasser für den Hund und sagte: »Sie sind zum ersten Mal hier bei uns?«

»Ja«, meinte Robert, »aber bestimmt nicht zum letzten Mal. Das ist ja grandios, was Sie hier bieten.«

Sie zeigte auf das Haus: »Wir haben auch Ferienwohnungen mit direktem Blick auf den See, und im Laden bieten wir Räucherfische und Fischsalate an.«

Emma hob ihr Glas: »Was für ein Jammer, dass unser Urlaub bald zu Ende geht.«

Robert trank und wischte sich den Schaum von den Lippen: »Ahh, das zischt. Morgen ist zwar unser letzter Tag, aber für den hab ich mir was ganz Besonderes überlegt. Für morgen Abend, besser gesagt. Aber das wird eine Überraschung, und hiermit wechsle ich das Thema. Mein Vorschlag: Wir fahren hoch zum Haus, dösen ein Stündchen und schauen uns heute Nachmittag die Gegend rund um den Simssee an. Beschaulich auf den Fahrrädern ein bisschen am See entlangtrödeln und so. Einverstanden?«

Emma nickte und winkte der Bedienung: »Dann wollen wir mal.«

11. TAG

Am Nachmittag sah man den fahrradbepackten, silbernen Passat der Grammels über die **Ratzinger Höhe** an Greimharting und Gänsbach vorbei auf den Parkplatz des **Berggasthof Weingarten** rollen. Robert stellte den Motor aus und drehte sich zu Emma: »Lass uns hier kurz aussteigen. Ich werds dir noch nicht verraten, mit was ich dich morgen Abend überraschen will. Aber du kannst dir aussuchen, wo es passiert. Wie mir die Fanny erzählt hat, ist der Blick von der Terrasse dieses Gasthofes umwerfend. Wir gehen mal da rein, und du sagst mir, ob du lieber unmittelbar am Chiemsee sitzen willst oder hier mit diesem Rundumblick.«

Auf ihrem Gang durch die Gaststube kam ihnen der Hund des Hauses, ein großer, gefleckter Mischling entgegen. Er stellte sich vor Robert und beschnüffelte dessen Schuhe und Knie ausgiebig. Eine Bedienung kam herbeigeeilt: »Ach, entschuldigen Sie, der ist so neugierig.«

»Das sind wir auch«, erwiderte Robert, »wir überlegen, ob wir morgen Abend hierher zum Essen kommen.«

»Drinnen oder draußen?«

»Draußen, wir schauen uns mal um, ja?«

»Gerne. Nehmen Sie sich bitte eine Karte oder einen Prospekt von der Theke mit und rufen Sie uns morgen an, dann reservieren wir einen schönen Tisch für Sie.« Und zu dem schafsgroßen Hund sagte sie lachend: »Und du hast jetzt genug geschnuppert. Geh in den Hof!«

Der Ausblick, der sich ihnen bot, war wirklich atemberaubend. Man hatte das volle 180-Grad-Panorama vor sich: die gesamte Alpenkette, vom Wendelstein bis tief hinein ins Salzburger Land, und vor den Bergen lag der blauschimmernde Chiemsee mit seinen grünen Inseln in voller Pracht.

»Das ist ja unglaublich!« Emma atmete tief durch: »Und welche Alternative hast du zu dem hier?«

»Einen Tisch, nur für uns zwei, und zwar so

11. TAG

Unser Geheimtipp!
Atemberaubender Rundumblick –
Ratzinger Höhe Erlebnisweg.
www.erlebnisweg-chiemsee.de

188

nahe am See, dass du dich mit den Fischen unterhalten kannst. Aber lass dir Zeit, es reicht, wenn du mir das morgen früh sagst. Komm, wir wollen weiter.«

Wenig später fuhren sie am Ostufer des **Simssees** entlang, verloren ihn kurz nach Ecking aus den Augen und erblickten das Gewässer erst nach Baierbach wieder. Robert lenkte den Passat die Simsseestraße entlang bis zum Parkplatz des Badeplatzes. Er schaute auf seinen Zettel und dann nach rechts: »Hier sind wir richtig. Lass uns die Fahrräder runternehmen und losradeln.«

Auf der Wiese am See waren viele Badegäste, am seichten Ufer spielten Kinder, und vom Steg der Wasserwachthütte sprangen junge Leute lautstark ins Wasser. Robert und Emma radelten an einer zweiten, kleineren Liegewiese vorbei, vor der ein breiter Streifen des Strandes mit Kies aufgeschüttet war. Vor einem kleinen Kiosk auf der anderen Seite des Weges bruzzelten über einem Holzkohlegrill ein Dutzend Steckerlfische. Aromatischer Duft wehte zu ihnen herüber, und Rambo streckte mit geblähten Nüstern seinen Kopf aus dem hohen Korb hinter Roberts Sattel.

Der Seeblickweg führte durch einen angenehm kühlen, schattigen Wald. Auf der linken Seite stand mannshohes Schilf, so dass man den See zeitweilig aus den Augen verlor.

»Was für eine wunderbare Luft!«, rief Emma.

An einer Gabelung führte ein schmaler Weg links zum Seeufer. Ein halbes Dutzend verwitterte Bootshütten duckten sich zwischen den Schilfwiesen. Es roch nach Brackwasser, Fisch und süßlichen Blumen.

11. TAG

»Hier kommen wir nicht mehr weiter, wir sollten zurück auf den Seeblickweg«, rief Robert.

»Aber es ist so romantisch hier, lass uns das einen Augenblick betrachten!«

Der Seeblickweg mündete in den Toni-Rietz-Weg. Vereinzelt kamen ihnen Fußgänger mit Kindern und Hunden entgegen. An der Südspitze des Sees hielten sie die Fahrräder auf der Holzbrücke der Einmündung der Neuen Ache an. Robert nahm den Dackel aus dem Korb, und sie stellten sich an das grobbalkige Geländer: »Jetzt schau dir diese Aussicht an! Als der liebe Gott damals Berge und Seen verteilt hat, da haben sich die von hier aber ein paarmal vorgedrängt und doppelt und dreifach zugeschlagen. Das ist ja nicht mehr feierlich, wie reizvoll es hier ist.« Robert schüttelte bewundernd den Kopf: »Wollen wir weiter?«

»Ich würde gerne zum Schwimmen gehen, das Wasser sieht so richtig einladend aus. Bei der nächsten schönen Badestelle springen wir rein.«

Sie fuhren am Ostufer entlang, und nach wenigen Kilometern bremste Robert und sagte: »Lass uns doch zurückradeln und am **Badeplatz Baierbach** schwimmengehen. Da hat es mir richtig gut gefallen. Seichter Seeeinstieg, die Wasserwacht in der Nähe und eine große Liegewiese mit Bäumen drauf.«

Emma strich sich eine Locke aus der Stirn: »Das heißt in anderen Worten, du hast irgendwie mitgekriegt, dass es dort Bier vom Fass gibt, wie?«

»Frauen«, sagte Robert zu dem Hund und wendete grinsend sein Fahrrad.

11.
TAG

An dem Tag hatte der See 22 Grad, das Wasser war streichelweich auf der Haut, und Emma schwamm so weit hinaus, dass ihr Kopf auf der Wasseroberfläche kaum noch zu erkennen war.

Robert, der mit dem Hund auf dem Schoß unter einem der großen Schirme im Biergarten vom **Kurvenwirt** saß, starrte angestrengt auf den See und sagte zu seinem

Tischnachbarn: »Würden Sie bitte kurz den Hund an der Leine halten, ich muss mir noch eine Limo holen. Das brauche ich jetzt für meine Augen. Die sind schon ganz ausgetrocknet vom Beobachten meiner Frau auf dem Wasser da draußen. Aber Sie wissen ja, wenn man Verantwortung trägt ... Darf ich Ihnen auch noch was mitbringen?«

Es war schon später Nachmittag, als Robert den Passat vom Parkplatz fuhr. Emma strich sich durch die noch feuchten Haare: »Du warst überhaupt nicht im Wasser. Es war richtig erfrischend. Aber nein, der Herr muss ja im Biergarten sitzen und trinken. Nennst du das Aktivurlaub?«

Robert nahm eine Hand vom Lenker und hob den Zeigefinger: »Mooomentt. Während du nur deinem Vergnügen nachgegangen und selbstvergessen im See herumgeplätschert hast, habe ich Limo getrunken und mich kundig gemacht, was es hier noch Sehenswertes gibt. Jetzt steht Wissen auf dem Programm. Schweige und staune, Weib.«

Von der Weinbergstraße kommend, bremste Robert kurz darauf vor dem **Gasthof Gocklwirt** ab: »Das, meine Liebe, ist nicht nur ein höchst interessantes Wirtshaus, nein, es ist auch ein Museum. Oder sowas Ähnliches. Man beachte bitte die **Maria-Antonius-Kapelle**. Die ist zwar nicht besonders alt, wie man mir sagte, aber innen sehr schmuck. So, wenn Sie mir jetzt bitte folgen wollen ...«

Unser Geheimtipp! Anziehungspunkt seit Jahrzehnten: das gemütliche "Restaurantmuseum" Gocklwirt Telefon: +49 (0)8036-1215

Sie betraten den alten und gemütlichen Gasthof. In der Stube fragte Robert nach dem Anbau und zeigte dort auf eine Wand, an der viele historische Zifferblätter zu sehen waren: »Das hier ist die größte Kunstuhr der Welt. Na ja, es gibt ja auch nur die eine. Fünfzig handgeschnitzte Figuren, 14 Zifferblätter, die Zeiten von vier Hauptstädten werden angezeigt, Jahreszahl, Schaltjahre, immerwährender Kalender, alles, was du willst. Gebaut wurde diese Uhr in der Zeit von 1879 bis 1881. Von wem, habe ich vergessen. Dem Mann an meinem Tisch konnte ich diese exklusiven Informationen entlocken, aber wer genau die Uhr konstruiert hat, wußte er auch nicht. Gut, außerdem gibts hier eine Sammlung mit mehr als 800 Kaffeekannen zu bestaunen, draußen stehen diverse Dampfwalzen, Traktoren und andere museale Gegenstände, und wie ich gehört habe, lassen sich viele Geräte durch den Einwurf von Münzen in Bewegung setzen.«

Emma drückte Roberts Arm: »Das finde ich ganz toll von dir. Wollen wir uns die Sammlungen ansehen?«

»Gerne, aber in mir baut sich ein gewaltiger Hunger auf. Während du nur deine Körperertüchtigung im Kopf hattest, habe ich uns hier einen Tisch im Biergarten reserviert. Darf ich bitten?«

Robert fuhr den Ellenbogen aus, Emma hakte sich ein, und sie ließen sich in der Stube von einem Kellner an den Tisch bringen. Er rückte Emmas Stuhl zurecht, reichte ihr und dann Robert eine Karte und sagte: »Wir empfehlen heute das Tatar von unserem hausgebeizten Lachs, und dann vielleicht ein bayerisches Rinderfilet.«

Emma klappte ihre Speisekarte zu: »Das passt jetzt genau. Und du?«

Robert nickte: »Zweimal die Empfehlung, für die Dame einen trockenen Weißwein und für mich ein alkoholfreies Weizenbier. Heute ist unser vorletzter Urlaubstag, wissen Sie.«

11. TAG

Was denn, wo denn, wie noch mal?

Seite 178 Grenzenlos-Wanderweg von Prien nach Aschau
Tel.: +49 (0)8051-9655517 • www.chiemsee-alpenland.de

Seite 178 Kurcafé Heider
Tel.: +49 (0)8051-1534 • www.cafe-heider.de

Seite 179 Priener Kneippweg / Postkartenweg
www.wandern.com/touren/priener-kneippweg

Seite 179 Naturpark Eichental
Tel.: +49 (0)8051-69050
www.tourismus.prien.de/de/ausflugsziele/natur.htm

Seite 179 Jakobuskirche / St. Salvator-Wallfahrtskirche
Tel.: +49 (0)8051-5130 • www.kirchenfuehrungen-rosenheim.de/
kirchenfuehrungen/urschalling.html

Seite 180 Chiemsee-Dampfstraßenbahn Tel.: +49 (0)8051-6090
www.chiemseeschifffahrt.de/de/chiemseebahn/chiemseebahn

Seite 182 Golfplatz Prien Bauernberg
Tel.: +49 (0)8051-62215 • www.cgc-prien.de

Seite 184 Schlosswirtschaft Wildenwart
Tel.: +49 (0)8051-2756 www.schlosswirtschaft-wildenwart.de

Seite 184 St. Florian Wallfahrtskirche
www.derchiemgauer.de/Sehenswuerdigkeiten/kirchen_
kloester.htm

Seite 186 Fischerei Minholz
Tel.: +49 (0)8051-6019059 • www.fischerei-minholz.de

Seite 187 Ratzinger Höhe Erlebnisweg
Tel.: +49 (0)8051-68760 • www.erlebnisweg-chiemsee.de

Seite 187 Berggasthof Weingarten
Tel.: +49 (0)8051-9621610 • www.ratzingerhoehe.info

Seite 189 Urlaubsregion Simssee
Tel.: +49 (0)8036-615 • www.simssee.org

Seite 191 Gasthof Gocklwirt
Tel.: +49 (0)8036-1215 • www.gocklwirt.de

Der schnelle Weg zu allen Links:
www.chiemgauerverlagshaus.de

Grassau, Marquartstein, Tüttensee
bei Grabenstätt, Herreninsel

Schnappenkirche und Boje 5

»Was ist das eigentlich für eine kleine Kirche, die da weit oben auf dem bewaldeten Berg steht? Rechts unterhalb des Gipfels. Sie leuchtet ganz weiß im Sonnenlicht, siehst du sie? Man könnte meinen, dass sie mitten im Bergwald an der steilen Wand klebt.«

Robert beugte sich über das Lenkrad und bremste leicht, denn der Passat hatte soeben das Ortsschild von Grassau passiert. Er kniff die Augen zusammen und spähte zu der Kirche hoch, schüttelte den Kopf und meinte: »Keine Ahnung, aber da vorne ist eine Tankstelle, wir brauchen eh eine Füllung, dann frag ich mal nach.«

Die Frau hinter der Kasse reichte ihm die Quittung und das Wechselgeld und erklärte: »Das ist die **Schnappenkirche**. Da gibt es zwei Möglichkeiten, wie Sie dort hinauf gelangen. Einen ziemlich steilen Pfad, und den bequemeren Wanderweg von Marquartstein aus.« Sie schaute durch das Fenster nach draußen zu den Zapfsäulen: »Sie haben ja einen kleinen Hund im Auto, der kommt die teilweise hohen und steilen Pfadstrecken nicht hoch. Nehmen Sie lieber den Weg ab Marquartstein. Nach dem Rathaus links, über die alte Brücke und dann rechts. Danach die Burgstraße zum Wanderparkplatz hinauf. Soll ich Ihnen das aufschreiben? Im Moment ist es ja ziemlich ruhig hier.«

Robert schüttelte den Kopf: »Danke, sehr lieb von Ihnen, aber das kann ich mir merken. Von da oben hat man sicher einen spektakulären Blick, oder?«

»Einen der schönsten. Mein Mann und ich waren viele Male dort, aber die Aussicht verzaubert uns immer wieder. Schön ist aber auch die Wanderung auf der anderen

12.
TAG

194

Talseite rauf zur **Staffn-Alm** und anschließend rüber zur **Hefteralm**. Sie gehen durch Tannenwälder, kommen an Gebirgsbächen vorbei und über traumhaft schöne Blumenwiesen. Das ist echt was für die Sinne. Auf der Hefteralm machen sie einen sehr guten Kaiserschmarrn. Dann führt ein einladender Wanderweg über die Weiden rüber zur **Rachlalm**. Sie können zu den kleinen Wasserfällen gehen oder weiterwandern zur **Moieralm**. Das ist unser Grassauer Almengenuss, sage ich immer. Sehr zu empfehlen.«

»Das klingt aber nach längerem Fußmarsch. Ich musste gestern erst so um die siebzehn Kilometer wandern, da will ich es heute etwas bequemer angehen lassen.«

Die Frau lachte: »Na ja, die Grassauer Almenwanderung hat es schon ein bisschen in sich. Alles in allem sind es so an die vierzehn Kilometer, und mit dem Hund sollten Sie an die fünf Stunden plus Pausen einplanen. Start und Ziel ist übrigens hier im Ort beim Touristinfobüro, dort gibt man Ihnen auch gerne Kartenmaterial mit. Aber es gibt natürlich die Möglichkeit, den **Sessellift** zur Staffn-Alm zu nehmen, wenn Sie die siebenhundert Meter Aufstieg mit dem kleinen Hund nicht machen möchten.«

Robert lächelte: »Danke, sehr freundlich, aber heute ist unser letzter Urlaubstag, und ich denke, wir lassen es gemütlich ausklingen.« Er winkte der Frau zu und ging zum Auto: »Alles klar. Auf Wunsch einer gutaussehenden Dame wird der Tagesablaufplan geändert, und wir fahren später nach Grabenstätt. Jetzt geht es auf den Schnappenberg zur gleichnamigen Kirche.«

Der Parkplatz oberhalb der **Burg** war leicht zu finden, und als Robert den Motor abstellte, meinte Emma: »Die Burg sieht ja imposant aus. Kann man die besichtigen?«

»Nein. Die ist aus dem 11. Jahrhundert. Gebaut hat sie Graf Marquart II., und ich habe gelesen, dass Richard

12. TAG

Strauss hier geheiratet hat. Vor Jahren wurden die Burg und das Drumherum von einem Kunsthändler erworben und saniert. Die Burg war mal eine Zeitlang ein Landschulheim. Der Kunsthändler war als Schüler hier, hat sich in die Burg verliebt und gesagt, eines Tages gehört sie mir.«

»Was du alles weißt!« Emma schaute ihren Robert bewundernd an, hob den Hund aus dem Wagen und setzte ihn auf den Boden.

»Tja, was ich aber immer noch nicht zu hören bekommen habe: Wo möchtest du heute zu Abend essen? Am See oder im Berggasthof mit Panoramablick?«

»Am Wasser. Aber das hast du dir schon gedacht, oder?«

Grinsend sagte Robert: »Genau. Und du wirst dich wundern, was dich erwartet. Ich wahrscheinlich auch, denn ich kenne den Platz ja nur aus der Erzählung und den Bildern, die man mir gezeigt hat.«

»Hast du mit der Fanny wieder was gemauschelt?«

»Exakt. Die Frau und ihre Verwandtschaft sind Gold wert. So, mehr wird jetzt nicht verraten. Du führst den Hund, ich nehme den Rucksack und auf gehts!«

Hinter einem alten Ford-Transit mit abblätterndem grauen Lack trat eine missmutige Mittfünfzigerin hervor und deutete mit goldberingten Fingern auf den kleinen Rambo: »Sie, den Hund müssens fei anleinen, gell!«

»Der Hund weiß nicht, dass er ein Hund ist, gnädige Frau. Aber wenn es Sie beruhigt, dann mache ich das gerne. Hier, sehen Sie?«

Robert klinkte die Leine an das Halsband und ging los. Sie folgten dem Weg zunächst in Richtung Agergschwendtalm/**Hochgernhaus**. Nach kurzer Zeit tauchten sie in den bunten, schattigen Mischwald ein und bogen an der ersten Gabelung links ab. Die meisten Wanderer gingen

geradeaus zur **Agergschwendtalm**, auch die füllige Frau mit
den vielen Ringen an den Fingern.
Misstrauisch schaute sie ihnen an
der Verzweigung nach. Der breite

Kiesweg führte leicht bergan und war bequem zu gehen.
Vögel zwitscherten in den Bäumen, Sonnenstrahlen tanzten über den Weg und zeichneten abstrakte Muster auf die
Kiesel, und Robert schaute sich um: »Keiner hinter uns, keiner vor uns. Perfekt. Da kann der Kleine ruhig ein bisschen
laufen. Binde ihn los.«

Der Pfad wurde an einigen Stellen etwas enger und stei-
nig, war aber immer gut begehbar. Robert erklärte zwischendurch Flora und Fauna, und wenn die Baumgruppen
ab und zu etwas lichter wurden, hatte man einen beein-
druckenden Blick auf **Marquartstein**, das Tal und die
Berge dahinter.

»Wie weit haben wir es noch?« Emma war hinter Robert
getreten und zog eine Wasserflasche aus dem Halter am
Rucksack. Sie trank und hob Robert die Flasche hin. »Noch
ungefähr eine halbe Stunde«, meinte er und schaute ins Tal
und zum Gipfel hoch.

Im letzten Teil des breiten Wanderweges bot sich ihnen
immer wieder ein Traumblick in das Achental. Weit im Hintergrund schimmerten die blauweißen Schneegipfel mäch-
tiger Bergmassive.

Sie kamen um eine Biegung und sahen hinunter auf
Grassau, die Tiroler Achen und den riesigen Chiemsee im
Hintergrund. »Stell dich mit dem Hund an den Wegesrand,
das gibt ein tolles Foto, und das schicken wir dem Bernie«,
rief Emma: »Ein bisschen mehr nach links, dann krieg ich
die Steine mit den vielen Leberblümchen noch mit drauf.«

**12.
TAG**

»Schick das Bild bloß nicht weg. Sonst ist morgen der gesamte Kuhlmann-Clan hier!« Er nahm den Hund hoch, hielt ihn an die Brust und sagte: »Konzentrier dich, Rambo, sag CHEEEESE!«

Kurz darauf waren sie an der kleinen Kirche. Während Robert den Rucksack von der Schulter nahm und sich mit dem Hund auf die Holzbank setzte, ging Emma in die Kapelle. Alles war in Weiß und Gold gehalten. Ein mit einem prunkvollen Gemälde geschmückter Altar dominierte die Stirnseite.

An der Balustrade kniete eine alte, ganz in Schwarz gekleidete dünne Frau und betete. Sie warf Emma einen Seitenblick zu und nickte. Emma grüßte ebenfalls. Dann ging sie nach draußen.

Die alte Frau kam hinter ihr her: »Grüß Gott. Sie interessieren sich für das Kirchlein?«

»Ja, ich mag Kirchen. Und diese macht einen sehr, wie soll ich sagen, heimeligen Eindruck. Man tritt ein und fühlt sich geborgen. Was hat es mit der Kapelle auf sich, wissen Sie das? Oh, entschuldigen Sie, ich heiße Emma Grammel, das auf der Bank ist mein Mann Robert mit unserem Hund. Wir sind Urlauber.«

Die Frau bat: »Lassen Sie mich ein bisschen auf der Bank verschnaufen, dann erzähle ich Ihnen was.«

Robert rückte zur Seite, die alte Dame setzte sich neben ihn, und Emma nahm rechts Platz. Sie schauten eine Weile stumm auf den prächtigen Chiemsee und das weite Land vor ihnen, dann begann die Frau mit brüchiger Stimme zu sprechen: »Manche sagen, der Chiemgaugraf Marquart von Hohenstein soll einst, so um das Jahr 1096 genau hier, an dieser Stelle überfallen und ermordet worden sein. Seit der Zeit geht ein Geist in Gestalt eines mächtigen

Hirschen, der sich auch in einen Menschen verwandeln kann, hier um – auch tagsüber, sagen die Leute.«

»Was hat das mit der Kirche zu tun?«

»Seien Sie geduldig mit einer alten Frau, junger Mann, das kommt schon noch.« Sie zog rasselnd Luft in ihre Lungen: »Um 1500 gab es hier in der Nähe eine hölzerne St.Wolfgangs-Brunnenkapelle. Zu der kamen viele Pilger. Manche von ihnen wollten einen krummen, dürren Menschen gesehen haben, der von einem Hirsch erzählte. Oder sie begegneten einem stattlichen Vierzehnender mit glühenden Augen. Die Pröpste von Herrenchiemsee mochten verständlicherweise keine Geistergeschichten und ließen deshalb vom Traunsteiner Stadtbaumeister um 1637 rum die Schnappenkirche erbauen.«

Die Alte kicherte, und es klang, als würde man Stroh zwischen den Händen reiben und darauf husten: »Es war 1829, glaube ich, da hat Papst Pius VIII den Wallfahrern, die die Schnappenkirche an zwei Tagen im Jahr besuchten und dort beteten, sogar vollkommenen Ablass von all ihren Sünden versprochen.« Das Lachen ging in ein trockenes Hüsteln über: »Man dachte, viele Besucher hier oben würden dem Spuk ein Ende bereiten. Aber der Hirsch kam immer wieder. Erst vor ein paar Jahren hat er während eines heftigen Unwetters in der Kapelle Zuflucht gesucht, und weil die Tür hinter ihm zufiel, war er drinnen gefangen. In seiner Not und seinem Hunger begann er, am Glockenseil zu kauen. Dadurch läutete die Glocke, und jemand, der in der Nähe war, hat ihn befreit.«

Jetzt wurde Robert neugierig: »Wer war das denn?«

Die Alte zog ihr Kopftuch tiefer in die Stirn, erhob sich ächzend und hielt sich mit einer Hand am Geländer der Bank fest: »Ich muss wieder weiter. Sie beide sind eine glückliche Familie, ich segne Sie. Leben Sie wohl.«

Mit unsicheren Schritten ging die Frau zurück zur Kapelle, verschwand hinter der Ecke, und Robert merkte erst jetzt, dass Rambo die ganze Zeit über mit eingezogenem Schwanz unter der Bank gelegen und leise geknurrt hatte.

Emma klatschte in die Hände und rief: »Ist das schön! Und wenn man auch noch mit den Einheimischen ins Gespräch kommt und solche Geschichten hört, das ist ja unglaublich. Jetzt hab ich ganz vergessen, mich bei dem freundlichen Mütterchen zu bedanken.«

Sie sprang auf, lief zur Kirche, schaute hinein, umrundete sie und machte ein paar Schritte in den Wald hinein: »Hallo? Sind Sie noch da? Hallo!«

Emma kam zurück und meinte lächelnd: »Na, die alte Dame ist besser zu Fuß als es den Anschein hatte. Sie ist weit und breit nirgends mehr zu sehen.«

Robert legte den Rucksack auf die Bank und packte aus: »Willst du das Käsebrot oder lieber Schinken? Oder von jedem die Hälfte? Wo sind denn die Becher für das Wasser?«

»Das trinken wir aus der Flasche, gib mir das Käsebrot. Im Außenfach ist ein Wassernapf für den Kleinen.«

Während sie kauend und um sich blickend die Landschaft genossen, kam ein älterer Herr den Weg entlang und trat zu ihnen an die Bank: »Grüß euch, darf ich mich ein paar Minuten zu euch setzen?«

Robert und Emma rückten zusammen, der Mann setzte sich und atmete tief ein und wieder aus: »Früher ist mir der Aufstieg leichter gefallen. Aber ich muss einfach immer wieder hier hoch, weil es so fantastisch ist.«

»Wohnen Sie in Marquartstein?«

Wie bestellt und nur
für uns ;-)

Elektroboot kann jeder!

Majestätischer Blick vom
Hochgern zum Chiemsee

Erlebnis im Bergwald

Grüß dich, ich bin der Dreizehen-
specht. Ich freue mich darauf,
dir mein Zuhause zu zeigen: den
herrlichen Bergwald rund um den
Großen und Kleinen Staffen.
Ein ganz besonderer Erlebnis-
weg mit vielen spannenden
Stationen zum Spielen und zum
Staunen wartet auf dich!
Schaue durch die Gucklöcher!

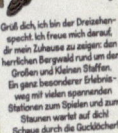

KOMM, FÜHLE DICH EIN!

In der Natur hat alles seinen Platz: Tiere, Pflanzen und wir Menschen. In der „Einfühlwand"
kannst du ausprobieren, wie es sich anfühlt, sich
an einen bestimmten Platz einzupassen. Viel
Spaß, beim Klettern, Einfügen und Einfühlen!

BERGWALD IST SCHUTZWALD!

Ob als Schutz vor Muren, Lawinen oder Hochwasser,
der Bergwald ist nicht nur wunderschön, sondern für
uns lebenswichtig. Entdecke mit dem Dreizehn-
specht, wo uns der Bergwald unseren Schutz braucht.

LEGENDE

ALLGEMEINE HINWEISE

Start und Ziel: Bergstation Hochpla...
Begleitung: 4,25 Kilometer
Aufenthaltsdauer: mit Besuch der Erle...
                   mindestens 2 Stu...

Der Weg ist gut ausgebaut, hat aber einige steilere ...
und ist für Kinderwagen und Rollstuhl nicht geeignet.

**12.
TAG**

GENIESSE DIE AUSSICHT!

Hier kannst du auf den gemütlichen Hängebänken
den wunderschönen Blick
über die Almen genießen!

STARK WIE EINE ZIRBELSE!

Schaffst du es, einen
der beiden Baumstämme
ein Stück in die Höhe
zu stemmen?

SCHLÜPF INS NEST!

Im Spechtbaum bist du
geschützt wie ein kleines
Küken im Nest.

Der Angesprochene schüttelte den Kopf: »Nein, in Grassau. Ich bin der Alois Blüml, und hab eine **Drehorgel- werkstatt** und sowas wie ein kleines Orgelmuseum.«

Robert schaute an Emma vorbei zu dem Mann: »Ist ja interessant, kann man Ihre Schätze besichtigen?«

Der Blüml Alois antwortete: »Klar, aber melden Sie sich an. Und Sie? Machen Sie Urlaub in unserem herrlichen Chiemgau?«

Emma nickte: »Ja, wir wollen heute noch in Richtung Grabenstätt fahren.«

»Zum Tüttensee?«

Unser Geheimtipp!
Ob durch Komet oder Gletscher,
Hauptsache es gibt den Tütten-
see. www.tuettensee-seebad.de

»Nein, was ist denn da zu sehen?«, fragte Robert neugierig.

Der Alois grinste: »Den **Tüttensee** kennen eigentlich nur die Ein- heimischen. Er ist nur wenige Minu- ten vom Chiemsee entfernt, liegt aber in idyllischer Ruhe mitten im Wald, in einer Senke gleich hinter Grabenstätt. Am See gibt es Holzstege, eine Liegewiese und einen Kiosk mit Terrasse am Wasser. Rund um den Grundwassersee führt der **Kometen-Wanderweg**. Der See soll in der Zeit um 3000 vor Christus durch einen riesigen Meteoriten- einschlag entstanden sein. Und genau da, wo jetzt der See ist, soll vorher eine frühkeltische Siedlung gewesen sein.«

»Der See ist also kein Toteisloch, wie die meisten ande- ren Seen hier?« Emma schaute den Blüml Alois erstaunt an. Der wackelte mit dem Kopf: »Die einen Wissenschaft- ler sagen so, die anderen so. Aber ich muss jetzt wieder runter, zurück in die Werkstatt. Ihnen beiden und Ihrem kleinen Hund wünsche ich noch einen erlebnisreichen Urlaub.«

12. TAG

Der Alois deutete im Aufstehen eine leichte Verbeugung an, setzte seinen Hut auf und knöpfte seine Jacke zu.

»Warten Sie, eine Frage noch«, Robert stand ebenfalls auf: »Sie sind doch ein Einheimischer. Vorhin war eine alte Frau hier bei uns. Sie war ganz in Schwarz gekleidet, dünn, das Kopftuch ins Gesicht gezogen, und sie hat uns eine merkwürdige Geschichte über die Schnappenkapelle und über einen riesigen Hirsch erzählt. Kennen Sie die Alte?«

Der Alois schüttelte den Kopf: »Nein. Aber ein paarmal im Jahr taucht sie hier oben auf, wie ich höre. Keiner von uns hat sie je gesehen, ich kenne die Geschichten auch nur vom Stammtisch. Vielleicht ist sie ein Geist? Einen guten Tag noch, vielleicht besuchen Sie mich ja mal.«

Alois drehte sich um, ging davon und verschwand zwischen den Bäumen, während Emma und Robert sich sprachlos anschauten.

Die Lust auf einen weiteren Ausflug war ihnen vergangen, also legten sie sich am Nachmittag in die Liegestühle vor dem Ferienhaus und lasen, blickten auf den See oder dösten.

Gegen fünf Uhr kam die Fanny, klopfte an die Hauswand und blieb neben Roberts Liege stehen: »So langsam sollten Sie sich auf die Socken machen. Das Boot liegt unten in Felden beim **Verleih Lackerschmid** für Sie bereit. Sie dürfen es ausnahmsweise länger nutzen. Normalerweise müssen die Leihboote spätestens zum Sonnenuntergang wieder zurück sein, aber ich hab das geregelt. Sie rufen den Verleiher an, wenn Sie auf der Rückfahrt sind, er erwartet sie dann am Steg in Felden.« Sie schaute zum blauen Himmel hoch: »Das wird bestimmt ein zauberhafter Abend für Sie beide werden, das Wetter bleibt so warm und trocken, es ist kein Unwetter gemeldet. Ich wünsche Ihnen viel Spaß.«

12.
TAG

Emma schaute Robert neugierig an, doch der schüttelte nur grinsend den Kopf.

Eine Stunde später saßen sie in einem rot-weißem Elektroboot und fuhren in sicherer Entfernung vom Ufer in Richtung Prien.

»Schau mal, wie viele Menschen noch im Wasser sind«, war Emma überrascht, »und wie die Oberfläche des Sees im Abendlicht glänzt. Wie mit Diamanten überzogen.«

In der Nähe der Anleger in Stock signalisierte ein lautes, dreimaliges Tuten, dass eines der großen Motorschiffe gleich ablegen würde.

»Die holen jetzt die Touristen von den Inseln«, sagte Robert, während er das E-Boot vom Ufer weg auf die Herreninsel zusteuerte.

Dort, an der Nordspitze, unterhalb der **Kreuzkapelle**, kam ein T-förmiger Steg mit einem **Biergarten** in Sicht. Ein halbes Dutzend Segelboote und Ruderkähne waren dort vertäut, und an den Tischen wurde gegessen und getrunken. Die Sonne stand schon tief im Westen, und der See verfärbte sich golden.

Robert ließ das Boot an den Steg gleiten, sprang auf die Holzbohlen und band das Boot fest. Dann reichte er Emma die Hand: »Darf ich bitten, meine Königin? Es ist angerichtet.«

Links vom Steg, direkt am Wasser, stand ihr Tisch: mit blau-weißem Leinen, Bestecken und Rotweingläsern und einem farbenfrohen bayerischen Blumenstrauß in einer grünen Glasvase, an die ein Papiertäfelchen gelehnt war: «Reserviert für Frau und Herrn Grammel».

Unser Geheimtipp!
Biergarten Boje 5 – ein
»Muss« für Vollblutromantiker
Tel.: +49 (0)8051 9627670

12.
TAG

Emma verdrückte eine Freudenträne, küsste ihren Robert und setzte sich. Der Kellner kam mit Wein, Wasser und einem kleinen Brotkorb: »Ihre Steckerlfische kommen in ein paar Minuten. Kann ich noch was für Sie tun?«

»Ja, sagte Emma, kneifen Sie mich bitte, denn so einen überwältigenden Sonnenuntergang habe ich selten erlebt.«

Der Ober lächelte und ging.

»Ich weiß noch, wie ich als Kind mit meinen Eltern in Italien am Meer war«, sagte Emma. »Wir saßen in einer Fischerhütte am Strand, es roch nach Gegrilltem wie hier, und die Sonne ging am Horizont im Wasser unter. Ich hatte sowas nie zuvor gesehen und fragte meinen Vater, ob die Sonne schwimmen könne. Er lachte und meinte, keine Angst, Kind, die kommt morgen wieder. Sie muss jetzt zu den Menschen auf der anderen Seite der Erde. In der Nacht habe ich sehr schlecht geschlafen. Aber diesen heutigen Abend werde ich nie vergessen, dank Dir«.

Robert hob sein Glas, hielt es in die untergehende, goldglühende Sonne und prostete dann seiner Emma zu: »Es war ein unvergleichlicher Urlaub, aber so kann er auch nur sein, weil ich eine so liebenswerte Frau habe. Auf uns, und auf dass wir vielleicht im nächsten Jahr wiederkommen.«

Da fällt das Abschiednehmen schwer

12. TAG

Was denn, wo denn, wie noch mal?

Seite 194 Schnappenkirche
www.chiemgau-wandern.de/content/achental/schnappenkirche

Seite 195   Staffnalm
Tel.: +49 (0)8641 7740 • www.staffn-alm.de

Seite 195 Hefteralm
Tel.: +49 (0)1715266145 • www.hefteralm.de

Seite 195 Rachlalm   Tel.: +49 (0)8641 1520
www.grossrachlhof.de/erleben/alm.html

Seite 195 Sessellift
Tel.: +49 (0)8641 7216 • www.hochplattenbahn.de

Seite 196 Hochgernhaus
Tel.: +49 (0)8641-61919 • www.hochgernhaus.de

Seite 197 Agergschwendtalm
Tel.: +49 (0)8641 8481 • www.grassau.de/de/almen

Seite 197 Marquartstein
Tel.: +49 (0)8641 699558 • www.marquartstein.de

Seite 202 Drehorgelwerkstatt
Tel.: +49 (0)8641 1457 • www.drehorgelwerkstatt.de

Seite 202 Tüttensee
Tel.: +49 (0)8661 983838 • www.tuettensee-seebad.de

Seite 202 Kometenwanderweg
www.grabenstaett.de/index.php?id=0,212

Seite 203 Bootsverleih Lackerschmid   Tel.: +49 (0)8051 963441
www.chiemseefischerei.de/lackerschmid.html

Seite 204 Kreuzkapelle Herrenchiemsee
www.herrenchiemsee.de/deutsch/a_schloss/sakral.htm

Seite 204 Biergarten Boje 5   Tel.: +49 (0)8051 9627670
https://alle-offnungszeiten.de/0416517/Boje_5

Der schnelle Weg zu allen Links:
www.chiemgauerverlagshaus.de

Der Führer mit Traumtouren rund um den See

Natur- und Kulturführer Chiemsee
192 Seiten, 13,5 x 20,5 cm,
Klappenbroschur,
faszinierende Farbfotos,
12,90 €
ISBN 978-3-9813-6200-8

Rund um den Chiemsee gibt es viel zu entdecken: lauschige Badebuchten, sehenswerte Schlösser, Kirchen und Klöster, ruhige Hügel- und Moorlandschaften, in denen sich die eine oder andere seltene Pflanze versteckt. Selbst der scheinbar informierte Einheimische wird dabei so manches Neue erfahren.

Der Führer gliedert sich in drei Teile: Im ersten findet man allgemeine Informationen und Tipps. Im zweiten werden 24 attraktive Wanderungen beschrieben, auf denen man besonders gut die Pflanzen- und Tierwelt dieser Gegend kennenlernen kann – darunter viele kleine, leichte Touren, zum Teil sind sie auch per Fahrrad machbar. Der dritte Teil spricht speziell den kulinarischen Genießer an: 16 sorgfältig ausgewählte Restaurants und Direkterzeuger aus der Region dürfen sich präsentieren – jeder Leser wird hier »seine« Adresse finden, egal ob Liebhaber der raffinierten Küche oder deftiger bayerischer Brotzeiten, ob Kuchenfan oder Vegetarier.

So haben Sie den Chiemsee noch nie gesehen!

Der profilierte Chiemseefotograf Josef Reiter präsentiert uns seine ganz besonderen Leckerbissen: Stimmungsaufnahmen, wie man sie wohl noch nie gesehen hat; Luftbilder, die im wörtlichen Sinne ganz neue Perspektiven eröffnen; und vor allem eine große Zahl doppelseitiger Panoramafotos, die dem Betrachter den Eindruck vermitteln, mitten in der zauberhaften Chiemseelandschaft zu stehen und zu staunen.

Chiemsee

Bildband im Format 30,5 cm x 18,5 cm,
mit Panoramafotografien auf Ausklappseiten
bis zu 120 cm
Umfang 112 Seiten
zum Preis von 25,80 €
ISBN 978-3-9452-9205-1

Schräge, humorvolle, und hintersinnige Unterhaltung

Sie sind schon was Besonderes, die Menschen hier rund um den Chiemsee und auf den beiden Inseln. Und deswegen passieren hier auch ganz besondere Dinge.
Tauchen Sie ein in den Chiemsee-Kosmos und nehmen Sie sich eine Auszeit mit Amüsier-Garantie. Für Bayernfreunde und Besucher der Chiemsee-Region. Geschichten zum Lachen und Nachdenken.

Preis: 10,90 €, ISBN: 978-3-945292-11-2